Beate M. Weingardt · Ein Mann – kein Wort

Beate M. Weingardt

Ein Mann – kein Wort

Warum Männer nicht gern über Gefühle reden
und Frauen sich nicht damit abfinden

SCM R.Brockhaus

SCM

Stiftung Christliche Medien

Dieses Werk einschließlich aller seiner Teile ist urheberrechtlich geschützt. Jede Verwendung außerhalb der engen Grenzen des Urheberrechtsgesetzes ist ohne vorherige schriftliche Einwilligung des Verlages unzulässig und strafbar. Das gilt insbesondere für Vervielfältigungen, Übersetzungen und die Einspeicherung und Verarbeitung in elektronischen Systemen.

4., erweiterte Auflage 2013

© 2008 SCM R.Brockhaus im SCM-Verlag GmbH & Co. KG
Bodenborn 43 · 58452 Witten
Internet: www.scm-brockhaus.de | E-Mail: info@scm-brockhaus.de

Umschlaggestaltung: Dietmar Reichert, Dormagen
Satz: Breklumer Print-Service, Breklum
Druck und Bindung: CPI–Ebner & Spiegel, Ulm
Gedruckt in Deutschland
ISBN 978-3-417-26262-9
Bestell-Nr. 226.262

Ich widme dieses Buch all den Männern und Frauen,
die mit ihrem Vertrauen und ihrer Offenheit
dazu beigetragen haben, dass ich es schreiben konnte –
allen voran meinem Mann, Ernst-Werner Briese.
Und ich widme es allen Männern und Frauen,
die um die Liebe in ihren Beziehungen kämpfen.

INHALT

Einführung 9
1. »Caveman« oder: Die Steinzeit lebt 13
2. Wesentliche Unterschiede zwischen Männern und Frauen – gibt es die überhaupt? 16
3. Von Natur aus anders – reden Männer und Frauen wirklich unterschiedlich? 23
4. Männer und Gefühle 35
5. »Doch wie's da drin aussieht ...« – Gefühlskontrolle als Notwendigkeit 40
6. Das Vorbild der Eltern 53
7. Unsere gefühlsarme Gesellschaft 66
8. Sprache und Körpersprache 76
9. Sexualität – Sprache ohne Worte? 80
10. Gesprächserfahrungen von Frauen mit Männern .. 85
11. Gesprächserfahrungen von Männern mit Frauen .. 92
12. Partnerschaften heute – ein anspruchsvolles Unternehmen 104
13. Verschiedenheit anerkennen, Verbundenheit einüben 113
14. Auch positive Gefühle und Gedanken ausdrücken . 119
15. Gut miteinander leben heißt gut miteinander kommunizieren 134
16. Sich entgegenkommen, um sich wirklich zu begegnen 158
17. Partnerschaft und Glaube 164
Literaturliste 175

Einführung

»Ehe ist nie ein Letztes, sondern Gelegenheit zum Reifwerden.«
JOHANN WOLFGANG VON GOETHE

In diesem Buch geht es nicht um *die* Männer oder *die* Frauen, auch wenn sie im Text oft der Einfachheit halber so genannt werden. Es geht natürlich nur um einen *Teil* der Männer, nämlich um jenen Teil, mit dem Mann ebenso wie Frau sich möglicherweise wunderbar unterhalten kann – über Arbeit und Hobby, Urlaub und Sport, Computer und Autos, Musik und Technik, Politik und Wirtschaft, Wissenschaft und Zukunftsziele und vieles andere mehr. Ja, es ist in der Tat ein breites Spektrum an Lebensbereichen, worüber dieser Teil der Männer gerne spricht. Wenn man mit ihnen über eines oder mehrere dieser Themen redet, spürt man ihr Interesse, ihr Wissen, oft auch ihre Leidenschaft. Man kann von diesem Teil der Männer unter Umständen Wichtiges erfahren und lernen; es macht Spaß, zu fachsimpeln und zu diskutieren, Informationen und Erfahrungen auszutauschen – sofern sie nicht dazu neigen, Monologe zu halten und den anderen zum Zuhörer zu degradieren. Und sofern sie nicht der Meinung sind, im Zweifelsfall besser Bescheid zu wissen und recht zu haben – egal, worum es sich handelt.

Doch davon gehen wir aus. Allerdings fällt mir als Frau, je länger ich mich mit einem solchen Mann unterhalte, auch etwas anderes auf: nämlich, worüber er *nicht* spricht.

Um es kurz und knapp zu sagen: Er spricht über sein äußeres Leben, aber nicht über sein inneres. Er spricht – eventuell – über seine körperlichen Leiden, aber er spricht in der Regel nicht über seine seelische Verfassung. Er spricht möglicherweise über seine Herzrhythmusstörungen, aber nicht über das, was ihm zu Herzen geht. Er äußert unter Umständen Besorgnis über seinen hohen Blutdruck, aber verliert kein Wort darüber, was ihn seelisch massiv unter Druck setzt. Er spricht durchaus offen über seine Magenverstimmungen, aber nicht über das, was ihm so auf den Magen schlägt. Wir hören vielleicht beiläufig etwas über seine Nierensteine, aber keine Andeutung darüber, was ihm an die Nieren geht. Wir erfahren von seinen hartnäckigen Rückenschmerzen, aber nicht davon, woran er so schwer zu tragen hat ...

Ich könnte die Reihe noch fortsetzen. Auffallend ist auf jeden Fall eines, nämlich die Sprachlosigkeit, wenn es um das eigene Gefühlsleben geht – und um das, was aufs Engste damit verbunden ist: das Beziehungsleben.

Natürlich – und erfreulicherweise – gibt es auch die anderen Männer, die über diese persönlichen Themen offen und ohne größere Hemmungen sprechen können, sofern sie ein aufgeschlossenes und vertrauenswürdiges Gegenüber vorfinden. Es gab sie schon immer – man denke nur an die Dichter, einen Dichter wie z.B. Johann Wolfgang von Goethe, der einmal schrieb: »*Und wenn der Mensch in seiner Qual verstummt, gab mir ein Gott, zu sagen, wie ich leide.*«[1]

»Gab mir ein Gott«: Auch Goethe sah es offenbar als eine außergewöhnliche Gnade und Begabung an, dem Schmerz seiner Seele, aber auch ihren Freuden und ihren Bedürfnissen sprachlich Ausdruck verleihen zu können. Und in der Tat: Mir scheint, diese sprachfähigen Männer sind eine Minderheit. Zumindest erlebe ich dies in der Altersgruppe, mit der ich am häufigsten zu tun habe: bei den Männern über 40 Jahren. Hier dominiert eindeutig die Beredsamkeit, wenn es um Sachthemen geht, und es herrscht Schweigen, wenn es um personale, den Menschen und seine Beziehungen betreffende Fragen geht.

Ich vermag nicht zu beurteilen, ob der Befund bei der jüngeren Generation anders ausfallen würde – mit anderen Worten: ob es bei den jungen Männern nur noch eine Minderheit ist, die sich so schwer damit tut, über das eigene seelische Erleben zu sprechen. Schön und hilfreich wäre es – allein, ich habe meine Zweifel, die ich im 3. Kapitel begründen werde.

---

[1] Johann Wolfgang von Goethe in »Torquato Tasso« (5,5).

In diesem Buch geht es aber auch nicht um *die* Frauen. Sie sind genauso wenig eine einheitliche Gruppe, wie es das andere Geschlecht ist. Die Unterschiede *innerhalb* der Gruppe der Frauen sowie *innerhalb* der Männer sind summa summarum vermutlich größer als die Unterschiede *zwischen* den Geschlechtern, darin sind sich die Wissenschaftler schon seit geraumer Zeit einig.

Doch *ein* auffallender Unterschied darf genannt werden: Die meisten Frauen, die ich erlebe, sind anders als die Männer durchaus »sprachfähig«, was das eigene Innenleben betrifft, wobei es auch hier Unterschiede gibt in dem Ausmaß der Bewusstheit sowie der zu überwindenden Hemmungen. Und natürlich gibt es auch die anderen – die Frauen, die ihr persönliches Empfinden hermetisch vor der Umwelt abriegeln, möglicherweise auch gar keinen Zugang (mehr) zu diesem Empfinden haben. Die Frauen, die nie gelernt haben, offen über sich selbst zu sprechen, ihre Bedürfnisse und Empfindungen anderen gegenüber klar zu äußern – oder die es verlernt haben.

Möge sich also kein Mann und keine Frau von dem, was ich im Folgenden schreibe, pauschal beurteilt oder gar persönlich angegriffen und infrage gestellt sehen!

Wer über eine Gruppe von Menschen schreibt – in diesem Fall vorwiegend *die Männer* –, kommt nicht umhin, zu verallgemeinern. Manches wird damit vergröbert und vereinfacht dargestellt, zweifellos. Manches fällt unter den Tisch, keine Frage. Doch wer diese Nachteile umgehen möchte, darf nur ausgesuchte Einzelfälle darstellen – was ein Buch nicht unbedingt interessanter und schon gar nicht aussagekräftiger macht.

Wenn Sie, lieber Leser oder liebe Leserin, eindeutig zu den »Sprachfähigen« gehören, die ohne Probleme mit einer Person ihres Vertrauens über ihre intimen Gefühle und ihre persönlichen Beziehungen reden können: herzlichen Glückwunsch! Sie sind nicht gemeint. Aber vielleicht kennen Sie jemanden, dem dieses Buch guttun würde.

Sollten Sie jedoch nicht zu jenen, wie Goethe es nennt, von Gott Begabten gehören, die diese Sprachfähigkeit besitzen, so wünsche ich Ihnen, dass Sie nach der Lektüre dieses Büchleins zumindest eines begriffen haben: Es lohnt sich unbedingt, die eigene emotionale Sprachfähigkeit zu entwickeln. Es lohnt sich um Ihrer selbst willen – aber auch um all der Menschen willen, die Sie wirklich lieben. Ihre Erlebniswelt wird vielfältiger und intensiver, Ihr Verständnis für andere Menschen erweitert sich, Ihre Fähigkeit zur Anteilnahme und Einfühlung nimmt zu. Und nicht zu vergessen: Ihre Kompetenz, sich selbst klar und deutlich mitzuteilen – auch, was Gefühle und Bedürfnisse anbelangt –, wird sich steigern. Ja, wenn es stimmt, dass liebevolle Beziehungen und das Erlebnis von Anerkennung, Wertschätzung, Verbundenheit und Vertrauen das Wichtigste in unserem Leben sind (wovon ich überzeugt bin), dann kann man ohne Übertreibung sagen: Wer lernt, mit einigen anderen Menschen nicht nur das äußere, sondern auch das innere Leben zu teilen, nicht nur die Erfolge, sondern auch das Scheitern, nicht nur die Freude, sondern auch den Schmerz »mit-zu-teilen«, der wird einen spürbaren Zuwachs an Reife, Glück und Lebensqualität erfahren.

1. »Caveman« oder: Die Steinzeit lebt!

»Ich kann mit meinem Freund zwei Stunden durch die Gegend fahren und nichts reden. Das kann ich mit meiner Frau nicht.« – »Aber warum fahren Sie dann nicht allein?« – »Weil es so schön ist, gemeinsam in eine Richtung zu schauen.«

DIALOG ZWISCHEN EINEM MANN UND DER AUTORIN

Seit Jahren sieht man sie strömen – Hunderte, ja inzwischen sicher Tausende von Männern und Frauen aller Altersgruppen und Bildungsschichten, die nur ein Ziel haben: Sie wollen das Stück »Caveman«[2] in einem Stuttgarter Theater sehen. Karten müssen Monate im Voraus bestellt werden, so wurde auch mir mitgeteilt. Und eines Tages war es so weit: Auch ich tauchte ein in die Welt des Höhlenmenschen (engl. »caveman«), dargestellt von einem gut aussehenden, kräftig gebauten, agilen Mittvierziger namens Tom.

Das Stück beginnt mit einem Paukenschlag: Während »er« (Tom) mit seinem Freund vor der Haustür per Handy telefoniert, wird er von seiner Lebensgefährtin (Heike) mit Sack und Pack vor eben diese Türe gesetzt. Erst entgeistert, dann hilflos und empört steht er, ausgesperrt und weggeschickt, vor seinen Habseligkeiten – und nimmt das Ereignis als Anlass, um die folgenden zwei Stunden in einsamen, aber ungemein redseligen Monologen über die Unterschiede zwischen Männern und Frauen zu philosophieren.

Der Kern dieser Ausführungen, den er in unzähligen Wiederholungen und garniert mit vielen urzeitlich klingenden Grunz- und Brummlauten dem Zuschauer geradezu einbläut, besteht in der These: Mann und Frau haben sich seit der Steinzeit in ihrer Veranlagung und damit auch in ihrem Verhalten nicht grundlegend verändert. »Er« ist immer noch der Jäger, der auf die Jagd geht und vor allem darauf aus ist, Beute zu machen. »Sie« ist immer noch die

---

[2] Genauer Titel: »Defending the Caveman«; Autor: Rob Becker, 1995.

Sammlerin – nur dass sie heute eben nicht mehr Beeren und Pilze, sondern zum Beispiel Klamotten und persönliche Informationen sammelt. Natürlich auch noch vieles andere.

»Er« hat ein Ziel – wohlgemerkt: eines! – vor Augen, das er geradlinig und mit aller Kraft ansteuert und dabei alles andere in seiner Umgebung konsequent ausblendet. »Sie« hat ihre Augen und Ohren überall, kann mehrere Dinge gleichzeitig tun, sieht alles, hört alles, und damit nicht genug: will über alles reden. Doch ein Jäger, der gerne redet, würde bald verhungern oder aus der Gruppe ausgestoßen werden, weil er nur stört und den Jagderfolg gefährdet – also haben vermutlich am ehesten jene Männer überlebt, die allenfalls das Nötigste miteinander redeten oder sich am besten nur mit Brummlauten, Gesten und Handzeichen verständigten. Deren Nachfahren sind die Männer von heute.

Doch hin und wieder müssen auch Männer miteinander kommunizieren. Das Nötigste, was es zwischen ihnen zu bereden gibt, sind natürlich Fragen, die die Jagd, den Kampf und die Taktik betreffen. Früher war es der Kampf um das Wild, um die Frauen oder mit dem Feind – heute ist es der Kampf um Karriere, Vorsprung, Sieg, Überlegenheit, Macht. Früher war es die Jagd nach Beute – heute ist es die Jagd nach materiellen Errungenschaften, sei es, weil sie nützlich sind, wertvoll oder technisch interessant, oder weil man mit ihnen Eindruck machen kann.

Weil »er« jedoch seiner Natur gemäß nur das Nötigste redet, spricht er natürlich mit seinesgleichen nicht über so menschliche »Nebensächlichkeiten« wie Aussehen, Befinden, Gefühle, Sorgen und Probleme. Was für ein Ziel könnte mit solchen Gesprächen erreicht werden, welchen Vorteil könnten Informationen dieser Art bringen? Das ist zunächst äußerst unklar – na bitte!

»Sie« hingegen spricht mit anderen Frauen, ohne dass sie dabei ein klares Ziel im Auge hat. Wer sammelt, muss sich nicht total konzentrieren, sondern hat den Kopf auch für anderes frei. Außerdem macht es die Arbeit kurzweiliger, wenn man sich nebenher unterhalten kann. Kein Wunder, dass Kommunikation für »sie« einfach wichtig ist. »Sie« interessiert sich im Übrigen für alles – besonders für andere Menschen. So sorgt die Frau für den Informationsaustausch, aber auch für die guten Beziehungen in Familie und Nahbereich – während der Mann in erster Linie für die materielle Versorgung sowie den Schutz seiner Lieben zuständig ist. Und dazu muss er Ziele haben – und handeln; er muss Probleme erkennen – und sie lösen!

Und weil, so die Ausführungen unseres redseligen Protagonisten, sich Männer und Frauen erstens seit der Steinzeit in ihren angeborenen Denk- und Verhaltensprogrammen quasi nicht verändert haben und zweitens in vielen Punkten sehr verschieden sind (»Das sind zwei ganz verschiedene Kulturen mit ganz verschiedenen Sprachen!«, verkündet Tom), ist es wahrhaftig viel verlangt, dass die beiden Geschlechter sich auch noch gegenseitig verstehen und einfühlsam miteinander umgehen sollen. Genauer gesagt: Es ist nicht viel verlangt – sondern *zu viel!*

Die zahllosen Beispiele, mit denen der temperamentvoll agierende Alleindarsteller seine Ausführungen untermalt, sorgen Abend für Abend für großes Vergnügen beim Publikum – zum einen, weil diese Beispiele mithilfe von drastisch übertreibender Wortwahl und Körpersprache einfach zum Lachen reizen, zum anderen aber auch, weil die Zuschauer in schöner Abwechslung sowohl ihr eigenes als auch das andere Geschlecht höchst treffend dargestellt sehen und diese Spiegelung sehr amüsant finden. Denn schließlich wird das darin Gezeigte nicht als Vorwurf, sondern als schlichte Feststellung präsentiert. Man muss sich deshalb nicht angegriffen, kann sich schlimmstenfalls durchschaut fühlen. Und gehört dabei – auch dies ein Trost – offensichtlich zu den »ganz normalen Männern« und »ganz normalen Frauen«.

Fazit: Die versöhnliche Botschaft des Stückes scheint zu sein: »Nehmt diese Unterschiede zwischen Mann und Frau bitteschön wahr, dann werdet ihr euch viele Enttäuschungen und Probleme in euren Beziehungen ersparen. Und nehmt sie, wenn möglich, nicht zu ernst, sonst werdet ihr euch daran wund reiben und genau das aufs Spiel setzen, was euch doch so viel bedeutet: die Liebe zueinander, das Zusammensein, die Harmonie.«

2. Wesentliche Unterschiede zwischen Männern und Frauen – gibt es die überhaupt?

»Kein Airbag – wir sterben wie Männer«
AUTOAUFKLEBER, GESEHEN AM 5. MÄRZ 2008
AUF DER AUTOBAHN HEILBRONN-NÜRNBERG

Schaut man sich die einschlägige und inzwischen fast uferlose Literatur zu diesem Thema an, so stellt man fest, dass es im Grunde zwei Positionen gibt. Die einen betonen die Unterschiede zwischen Männern und Frauen sehr stark[3], die anderen schwächen die vermeintlichen Unterschiede eher ab. Nimmt man die jeweiligen Argumente jedoch genauer unter die Lupe, so stellt man fest: Es kommt ganz offensichtlich auf die Sichtweise an!

Ein Beispiel: Stellen Sie sich vor, ein Forscher und eine Forscherin vergleichen einen nackten Mann und eine nackte Frau, die vor ihnen stehen. Der Forscher sagt: »Mann und Frau sind im Wesentlichen gleich. Beide haben einen Kopf, zwei Arme, zwei Hände, zwei Beine, zwei Füße, einen Rumpf und einen Bauchnabel. Beide haben Haare, Gelenke, Augen, Ohren, Nase, Mund. Okay, unterhalb des Bauchnabels sind sie etwas unterschiedlich, und auch der Oberkörper hat leicht unterschiedliche Ausmaße. Aber das sind alles Kleinigkeiten, verglichen mit der enorm hohen Menge an Übereinstimmungen und Gemeinsamkeiten!«

Die Forscherin entgegnet: »Aber ich bitte Sie: Alles ist anders, nicht nur der Oberkörper und die Partie unterhalb des Bauchnabels! Sehen Sie denn nicht: Kopf, Arme, Hände, Beine, Füße und der

---

[3] Eine Vertreterin dieser Position ist z.B. Louise Brizendine mit ihrem aktuellen Buch »Das weibliche Gehirn. Warum Frauen anders sind als Männer« (Hoffmann und Campe, Hamburg 2007).

Rumpf – dies alles ist bei der Frau etwas anders geformt als beim Mann. Und natürlich haben beide Augen, Ohren, Nase und Mund – aber Sie werden doch zugeben, dass ein Männergesicht eindeutig anders aussieht als das Gesicht einer Frau, selbst ohne Bart! Außerdem: Sehen Sie denn nicht die höchst unterschiedliche Hüft-Becken-Partie?! Deutlich gerundet bei der Frau, hingegen eher in gerader Linie verlaufend beim Mann …! Wenn man sich die beiden Silhouetten anschaut, so ist doch völlig unverkennbar, dass eine Frau nicht mit einem Mann zu verwechseln ist! Im Übrigen wird dieser Unterschied auch schon in der Bibel betont: Da heißt es, dass Gott den Mann aus Ackerboden ›formte‹, aber die Frau ›baute‹ – aus seiner Rippe!«[4]

So weit die unterschiedlichen Sichtweisen der beiden Forscher.

Wer von beiden hat recht? Natürlich beide – es kommt lediglich darauf an, worauf man sein Hauptaugenmerk richtet und vor allem: welches *Gewicht* man den wahrgenommenen Unterschieden gibt.

Zahlreiche Wissenschaftler, die sich mit Geschlechtsunterschieden beschäftigen, neigen heute dazu, die durchaus beobachtbaren Unterschiede als »wenig ins Gewicht fallend« zu betrachten, weil sie die Menge der *Gemeinsamkeiten* zwischen den Geschlechtern als weitaus größer und gewichtiger ansehen. Frauen sind, so sagen sie, zwar körperlich etwas schwächer als Männer und dadurch nicht ganz so ausdauernd, sie verfügen jedoch über die gleiche Intelligenz und sind zu den gleichen geistigen Leistungen wie Männer in der Lage. Zwar gibt es leichte Unterschiede in einzelnen Teilleistungen des Gehirns – Männer haben beispielsweise ein besseres räumliches Vorstellungsvermögen als Frauen –, aber diese Unterschiede fallen

---

[4] In der Tat werden im älteren Schöpfungsbericht (1. Buch Mose, Kapitel 2, Verse 4b bis 23), der zunächst nur die Erschaffung des Mannes kennt, diese beiden unterschiedlichen Wörter benutzt, evtl. weil die Rippe quasi als »Grundgerüst« für die Erschaffung der Frau angesehen wurde. Doch im jüngeren Schöpfungsbericht, der an den Anfang der Bibel gestellt wird (1. Buch Mose, Kapitel 1, Vers 1 bis Kapitel 2, Vers 4), heißt es:»Gott (er)schuf den Menschen als sein Gegenüber (nach seinem Bilde), als Gegenüber zu sich schuf er sie – und er schuf sie als Mann und Frau.« Nach dieser Version wurden Mann und Frau offenbar gleichzeitig – und auf dieselbe Weise – geschaffen.

angesichts der Menge an *Ähnlichkeiten* kaum oder gar nicht ins Gewicht. Dagegen stellt eine Wissenschaftlerin, die sich mit der »Psychologie der Geschlechtsunterschiede« über Jahre hinweg beschäftigt hat, klipp und klar fest: »(Es) zeigt sich …, dass es irrig und gefährlich ist, die Geschlechtsunterschiede nur deshalb für bedeutungslos zu halten oder gar zu ignorieren, weil sie im Mittel geringfügig sind. Tatsächlich kommen bei der Konfrontation der Geschlechter …) Prozesse in Gang, die auch kleine Unterschiede verstärken und dadurch zu einem polarisierenden Effekt führen können.«[5]

Deutlich wird: Entscheidend ist nicht das *Ausmaß* der beobachteten Unterschiede, sondern entscheidend ist die Frage, wie sich diese Unterschiede im *praktischen Leben* und vor allem im *Zusammenleben* der Geschlechter auswirken. Und hier kann man ohne Übertreibung sagen: Im Zusammenleben von Männern und Frauen haben einige »an sich« möglicherweise eher geringfügige Verschiedenheiten je nach den Umständen gravierende Auswirkungen.

Nichts anderes will wohl auch »Caveman« den Zuschauern deutlich machen. Die Unterschiede im Verhalten und Empfinden von Mann und Frau charakterisieren das Stück geradezu. Nur drei Beobachtungen bezüglich der Eingangsszene seien erwähnt:

▶ Ein Mann wird von seiner Freundin buchstäblich »vor die Tür gesetzt«. Als einziger Kommentar ihrerseits schallt es ihm (sinngemäß) hinterher, sie hätte genug von seinem unreifen prähistorischen Verhalten, er solle gefälligst mal in sich gehen und über sich nachdenken.

Was würde eine Frau, die soeben verlassen wurde, an dieser Stelle tun? Sie würde, wenn ihr etwas an dem Mann liegt, möglicherweise spontane Wut zeigen – aber in absehbarer Zeit würde diese Wut einer tiefen Traurigkeit oder Enttäuschung Platz machen. Während Wut die aggressive Reaktion auf eine seelische oder kör-

---

[5] Doris Bischof-Köhler, Von Natur aus anders. Die Psychologie der Geschlechtsunterschiede, Stuttgart 2004, S. 329.

perliche Verletzung ist, die den eigenen Schmerz durch den Versuch eines Gegenangriffs zu lindern versucht, stellt eine die Wut irgendwann ablösende Trauer die eigentlich angemessene Reaktion auf unabänderlichen seelischen Schmerz dar. Denn der Schmerz wird in der Trauer nicht abgewehrt, sondern zugelassen.

Von Trauer ist jedoch in dem zweistündigen Monolog des Hauptdarstellers keine Andeutung zu hören, zu sehen oder zu spüren. Stattdessen geht er von der Wut nahtlos über ins Analysieren, Räsonieren, Argumentieren, Spekulieren ... – sprich: Er versucht, das ganze Drama von seiner Person wegzuschieben, indem er sein Schicksal auf eine »allgemein menschliche« Ebene hievt und zu einer unpersönlichen Grundsatzfrage macht, frei nach dem Motto: »Es geht hier nicht um meine Partnerin und mich – es geht um Männer und Frauen ganz allgemein!«

Mit dieser »Versachlichung« macht »er« das, was er am besten kann: über Sachthemen reden, ohne sich als Person, ohne die eigenen Gefühle dabei ins Spiel bringen zu müssen. Allenfalls gelegentliche Anflüge von offen geäußertem Selbstmitleid (gefördert durch Alkoholkonsum) deuten an, dass er *seelisch* leidet. Doch dieses Leid verbirgt sich hinter einem Wortschwall, hinter Flucht in die Aktivität (dargestellt unter anderem durch ruheloses Herumrennen auf der Bühne) und hinter Sarkasmus.

▶ Doch auch eine Frau hätte, gerade »in die Wüste geschickt«, aus ihrer Wut und dem darauf folgenden Schmerz, aus ihrer Trauer, irgendwann auftauchen und nachdenken müssen. Das hätte sie auch getan – doch sie hätte, und das halte ich für den zweiten gravierenden Unterschied, mit großer Wahrscheinlichkeit angefangen, ganz konkret über sich, ihren Partner und die bisherige Beziehung nachzudenken. Möglicherweise hätte sie dabei die falschen, kaum weiterführenden Fragen gestellt (»Wer ist schuld? Warum erwische *ich* immer solche schwierigen Typen? Was ist an mir so verkehrt, dass ich immer wieder verlassen werde? Warum sind Männer so grausam?«) – aber sie hätte sicher nicht versucht, ihre persönliche Betroffenheit und Verunsicherung unverzüglich zu »rationalisieren«

und daraus ein allgemeines Sachthema zu machen. Der Mann jedoch schafft es, das Thema so zu »behandeln«, dass er sich selbst dabei nicht oder nur ansatzweise infrage stellen muss.

▶ Auch einen dritten Unterschied hätte man meines Erachtens beobachten können, wenn eine Frau betroffen gewesen wäre: Obwohl das Stück damit beginnt, dass der Darsteller mit einem Freund oder Bekannten telefoniert und nach Ende des Telefonats feststellt, dass seine Partnerin ihm soeben den Laufpass gegeben hat, kommt er in den folgenden zwei Stunden *nicht ein einziges Mal* auf die Idee, in seiner Betroffenheit und Hilflosigkeit eben diesen Freund noch einmal anzurufen. Was läge näher, als ihm seine Lage zu schildern, bei ihm seelischen Beistand – oder vorläufigen Unterschlupf – zu suchen? Offenbar liegt es für die meisten Männer weitaus näher, psychisches Leid sowie persönliche Probleme und Beziehungsschwierigkeiten für sich zu behalten und sie in inneren Monologen ganz allein mit sich selbst abzumachen. Es würde sie vermutlich enorme Überwindung kosten, einem Dritten gegenüber ihre Trauer, aber auch ihre Hilf- oder Ratlosigkeit zu formulieren und einzugestehen. Und eine Frau? Eine Frau hätte mit ziemlicher Sicherheit bald, nachdem sie den Rausschmiss bemerkt hätte, zum Handy gegriffen und jemanden angerufen, der ihr nahesteht – vielleicht die Freundin, mit der sie soeben noch telefonierte, oder eine andere Person, zu der sie Vertrauen hat. Sie hätte das Bedürfnis gehabt, ihre seelische Betroffenheit mit jemandem zu teilen, der oder die ihr möglicherweise Unterstützung, Einfühlung und Verständnis entgegenbringt. Sie hätte keineswegs erwartet, dass der Mensch, den sie anruft, ihr eine »Lösung« ihres Problems anbietet – es hätte ihr zunächst völlig genügt, mit ihm ausgiebig über ihr Befinden reden zu können.

Wohlgemerkt: Auch der Mann redet in dem Stück, er redet enorm viel, und er redet sehr leidenschaftlich, mit deutlicher emotionaler Beteiligung. Aber es sind *Selbstgespräche*, die er führt – er braucht dazu, so scheint es, kein Du, kein Gegenüber, keine Resonanz.

Man kann sich natürlich auf den Standpunkt stellen, dass diese Unterschiede in der Reaktion auf eine emotional äußerst aufwühlende Situation alles in allem doch eher zufällig oder zunächst unwesentlich seien. Mag sein – doch für den weiteren Prozess, in dem seelische Krisen und Erschütterungen verarbeitet werden, spielen sie eine bedeutende Rolle. Und wesentlich werden diese Unterschiede ganz gewiss in dem Moment, wo zwei Menschen, die so unterschiedlich reagieren, aufeinanderprallen und versuchen, einander zu verstehen bzw. sich miteinander zu verständigen! Enorm gravierende Folgen haben diese Unterschiede erst recht dann, wenn beide – Mann und Frau – das Gefühl haben: »Er/Sie wird mir nicht gerecht, kann nicht angemessen auf mich eingehen, geschweige denn mit mir umgehen.« Folgender Dialog ist dafür typisch:

Sie (nachdem sie schon einige Zeit auf ihn eingeredet hat): »Du hörst mir ja gar nicht zu!« – Er (genervt): »Das habe ich jetzt doch schon eine Stunde lang getan, wann kommst du endlich zur Sache?« – Sie (wütend): »Du verstehst mich überhaupt nicht!« – Er (ebenfalls wütend): »Doch, aber es bringt jetzt doch wirklich nichts, alles nochmals bis aufs Kleinste durchzukauen!«

Es ist unschwer zu vermuten, dass nicht nur in diesem Fall der Dialog mit beidseitiger Verletztheit, Vorwürfen, Frustration und Streit vorläufig endet. Langfristig steigt dadurch die Wahrscheinlichkeit von gegenseitigem innerem Rückzug, Resignation oder gar von Trennung.

Fazit: Dass erhebliche, schon im Mutterleib angelegte Unterschiede zwischen Männern und Frauen bestehen, ist keine Frage. Sie betreffen nicht nur den Körperbau, sondern auch die Struktur des Gehirns und damit die Art zu denken, zu fühlen, zu reagieren und sich unter Stress zu verhalten. So unerheblich all diese Unterschiede in »Friedenszeiten« sowie bei vielen alltäglichen Aufgaben und Handlungsabläufen sein können, so relevant können sie in Krisenzeiten und bei außergewöhnlichen Anforderungen sein, die sich im Lauf der Kommunikation oder Partnerschaft zwischen Mann und Frau ergeben. Dies gilt vor allem für konfliktreiche und stressbeladene Situationen, in denen jedes Geschlecht auf besonders tief verwurzelte, aber unreflektierte Reaktionsmuster zurückgreift. Grundsätzlich kann man allerdings sagen: Eine Frau sucht unter Stress tendenziell eher Kommunikation und seelische Nähe zu anderen Menschen, ein Mann meidet unter Stress eher Kommunikation und seelische Nähe. Er zieht sich stattdessen lieber in sich selbst (oder in seine »Höhle«, siehe »Caveman«) zurück.

3. Von Natur aus anders – reden Männer und Frauen wirklich unterschiedlich?

»Was mir besonders gut gefällt: Das Stück beschreibt genau, wie schwer es uns Männern fällt, uns über einen bestimmten Punkt hinaus anderen Menschen zu öffnen.«

MICHAEL SCHANZE[6]

Zwei Hauptthesen, die »Caveman« aufstellt, sind für unser Thema besonders relevant:
▶ Männer reden generell weniger als Frauen.
▶ Männer sprechen mit Vorliebe über Sachprobleme und Sachthemen und vermeiden Gespräche über ihre seelische Verfassung oder ihre eigenen Probleme. Frauen sprechen ohne Mühe auch von sich selbst und ihren Gefühlen oder seelischen Belastungen.

Reden Männer wirklich weniger als Frauen?

Der zweistündige Monolog des »Caveman« weist deutlich in eine andere Richtung. Ist er eine Ausnahme? Immer wieder wird eine Statistik zitiert, derzufolge Frauen am Tag 20 000 Wörter reden, Männer hingegen nur 7 000 Wörter. Doch diese Statistik scheint falsch zu sein! Eine aktuelle amerikanische Studie mit 400 Männern und Frauen brachte nämlich ein überraschend anderes Ergebnis an den Tag: Frauen benutzten durchschnittlich 16 200 Wörter am Tag – Männer gerade mal 500 Wörter weniger, nämlich 15 700 Wörter. Wie kam man zu diesen exakten Zahlen? Die Teilnehmer wurden

---

[6] Zitat, abgedruckt in einem Interview mit Michael Schanze, der sich auf das Stück »Kunst« von Yasmina Reza bezieht, in dem er die Hauptrolle spielt. Schwäbisches Tagblatt, 24. Januar 2008.

mit einem Spezialrecorder ausgestattet, der sich fünf Mal pro Stunde für den Träger unmerkbar automatisch einschaltete und für 30 Sekunden die Äußerungen des Probanden aufnahm. Der Versuch erstreckte sich über mehrere Tage. Nach der Testphase wurden die aufgezeichneten Daten ausgewertet und auf den Tag hochgerechnet.

Fazit: Der Unterschied zwischen Männern und Frauen liegt offensichtlich nicht in der *Menge* des Gesprochenen.[7] Er liegt jedoch in den *Inhalten.*

Doch nun zu der zweiten, wesentlich schwierigeren Fragestellung: *Benutzen Männer Sprache auf andere Weise als Frauen? Anders gefragt: Reden sie über andere Themen? Vermeiden sie es, über ihre Gefühle oder seelischen Belastungen zu reden?*
An dieser Stelle muss ich etwas weiter ausholen und die Wissenschaft befragen. In ihrem äußerst gründlichen und umfassenden Überblick über die aktuellen Forschungsergebnisse der Wissenschaft zum Thema »Verhaltensunterschiede der Geschlechter«[8] stellt Doris Bischof-Köhler Folgendes fest:

▶ Es scheint in der Tat schon sehr früh in der Geschichte der Menschheit eine Arbeitsteilung zwischen den Geschlechtern gegeben zu haben. »Die Frauen bestritten durch Sammeln von Nahrung ... einen Bestandteil des Unterhalts, übrigens einen recht wesentlichen.«[9] Sammeln ist nicht so risikobelastet wie Jagen, dafür sind mehr Umsicht und Vorsicht notwendig – zwei Eigenschaften, die auch bei der Fürsorge für kleine Kinder unabdingbar sind. Die Kinder konnten bei den Sammelexkursionen mitgenommen werden, was sicher mit ein Grund für diese Arbeitsteilung gewesen sein dürfte. Je aufmerk-

---

[7] Allerdings gibt es, so die Forscher, bei den Männern eine größere Bandbreite. Unter ihnen fanden sich auch höchst schweigsame Gestalten, wobei der Stillste gerade mal 500 Wörter am Tag über die Lippen brachte. Solche extrem »stillen Wasser« gab es bei den Frauen offenbar nicht. Quelle: Schwäbisches Tagblatt, 5. November 2007.
[8] Von Natur aus anders, Stuttgart 2004.
[9] Ebd., S. 158.

samer und fürsorglicher die Mutter ihrem Kind gegenüber war, desto höher war die Wahrscheinlichkeit, dass das Kind die ersten Lebensjahre überlebte.

▶ Fürsorglichkeit und Einfühlungsvermögen bilden existenziell wichtige Eigenschaften der Mütter, um ihre Nachkommen am Leben zu erhalten. Man muss sich klarmachen, dass schon aufgrund der rund dreijährigen Stillzeit die Betreuung des Kleinkindes fast ausschließlich in den Händen der Mutter lag.[10]

▶ Die Großwildjagd war hingegen die Domäne der Männer. Zu ihr gesellten sich sehr früh schon die Kriegsführung sowie, damit verbunden, die Metallbearbeitung und die Herstellung von Waffen, die ebenfalls ausschließlich von Männern durchgeführt wurden. Für beides, Jagen und Kriegführen, bedurfte es solcher Eigenschaften wie Risikobereitschaft, Unternehmenslust, Konkurrenzverhalten, aber auch Kooperationsbereitschaft.

▶ Da sowohl bei der Jagd als auch im Kampf spontan massive Angstgefühle auftauchten, lag es im Interesse der Männer, sich von diesen Gefühlen nicht allzu sehr ablenken oder gar bestimmen zu lassen. Dies gelang am ehesten, wenn die Gefühle nicht ins *Bewusstsein* dringen konnten und schon gar nicht *sprachlich artikuliert* wurden, sondern stattdessen im Unterbewusstsein verblieben. Denn ein Krieger, der bei Gefahr erst einmal über seine Ängste nachdachte und womöglich noch mit anderen darüber sprechen wollte, hätte wahrscheinlich den ersten feindlichen Angriff nicht überlebt. Folglich hatten Männer, die ihre Gefühle erfolgreich verdrängten und sich wortlos und tapfer in den Kampf bzw. in die Gefahr stürzten, vermutlich wesentlich bessere Überlebenschancen.[11]

---

[10] Ebd., S. 159.
[11] Zu umfassend darf die Angstverdrängung jedoch auch wieder nicht sein, weil sonst die natürliche Warn- und Schutzfunktion der Angst komplett ausfällt und der Betreffende nicht mutig, sondern allzu tollkühn wird – was, wie das Wort »toll« deutlich macht, schon die Grenze zur Verrücktheit, sprich: zum Mangel an Realitätssinn überschreitet (vgl. Tollwut, Tollhaus).

Er der Jäger, der in die Ferne, in das Unbekannte zieht und sich erheblichen Gefahren aussetzt, sie die Sammlerin, die zusammen mit anderen Frauen »das Feuer hütet«, die häusliche Arbeit erledigt und die Aufzucht der Kleinkinder übernimmt – man muss davon ausgehen, dass diese auf der ganzen Welt anzutreffende Geschlechtsrollenaufteilung zwischen Männern und Frauen uralt ist.[12] Sie ist wohl durch die anlagebedingten Unterschiede zwischen den Geschlechtern nicht erst geschaffen worden, sondern hat diese Unterschiede aufgegriffen und sozusagen optimal ausgenutzt.[13]

Natürlich fand dadurch auch eine Selektion statt – es überlebten eher die Kinder der aufmerksamen und einfühlsamen Frauen, und es überlebten eher die Männer, die tapfere Krieger und damit gute »Gefühlsverdränger« waren.

Doch nun zu den Unterschieden zwischen Männern und Frauen in den verschiedenen Stadien ihrer Entwicklung:

Säuglingsalter

▶ Dass das lebhafte Interesse und die Aufmerksamkeit anderer Menschen gegenüber beim weiblichen Geschlecht nicht anerzogen, sondern *angeboren* ist, beweisen Forschungen, die zeigen, dass schon einen Tag alte weibliche Säuglinge »sich leichter vom Anblick eines Gesichts gefangen nehmen (lassen)« und häufiger den Kopf »in die Richtung einer menschlichen Stimme« drehen. »Sie suchen öfter als neugeborene Jungen Blickkontakt und halten diesen länger aufrecht«[14] – übrigens ein Unterschied, der über alle Altersklassen bis ins Erwachsenenalter bestehen bleibt.

---

[12] Auch in dem griechischen Epos »Die Odyssee« von Homer, geschrieben im 8. Jahrhundert v.Chr., lässt sich diese Rollenteilung beobachten: Odysseus zieht hinaus ins Weite, besteht viele Gefahren und Kämpfe, seine Frau Penelope hütet das Heim und wartet zwanzig Jahre (!) treu auf ihn.
[13] Nach Erkenntnissen der Wissenschaft ähneln unsere heutigen Gehirne im wesentlichen denen unserer Vorfahren, die vor 50 000 oder noch mehr Jahren gelebt haben, vgl. Wolf Singer (Hrsg.), Gehirn und Bewusstsein, Berlin 1994, S. 86.
[14] Bischof-Köhler, S. 99.

▶ Mädchen zeigen vom ersten Lebenstag an eine höhere Kontaktbereitschaft und reagieren sensibler auf Emotionsäußerungen anderer Menschen, was daran deutlich wird, dass sie sich vom Schreien anderer Babys leichter anstecken lassen als Jungen.

Kindergartenalter

Wie sieht es mit den Spielen der älteren Jungen und Mädchen aus? Auch in Kinderhäusern und israelischen Kibbuzim, in denen strikt darauf geachtet wurde, dass Jungen und Mädchen die gleichen Spielmöglichkeiten und das gleiche Spielzeug angeboten wurden, zeigte sich:

▶ Jungen bevorzugten eher Spiele, in denen es »wild« zuging – z.B. ahmten die israelischen Jungen in den Kibbuzim mit Vorliebe wilde Tiere nach, probten also unbewusst Gefahren- und Kampfsituationen. Außerdem wählten sie gern größeres Spielzeug, das man auseinandernehmen oder in das man hineinsteigen konnte.

▶ Mädchen zeigten eine deutliche Neigung zu Betätigungen, die feinmotorische Fähigkeiten (»geschickte Hände«) voraussetzten. Auch spielten sie mit Vorliebe »Mutter-Kind«-Spiele[15], wozu gerne Puppen benutzt wurden – hier übten die Mädchen unbewusst schon Kompetenzen wie Fürsorglichkeit und Einfühlungsvermögen ein. Insgesamt ist auch in Kinderhäusern und Kibbuzim bei der Wahl des Spielzeugs sowie beim Spielverhalten ein Unterschied zu Kindern, die in traditionellen Kulturen oder Kindergärten erzogen werden, *nicht erkennbar.*

---

[15] Bischof-Köhler, S. 189f. Man beachte, dass diese Mädchen ihre Mütter, die ja wie die Männer im Kibbuz arbeiteten, auch bei jeder Menge anderer Tätigkeiten beobachten konnten!

Schulalter

- Im Schulalter bevorzugen Jungen Spiele in Gruppen, in denen es auch um Status, Rangpositionen und Wettbewerb geht, während Mädchen individuelle Sportarten oder Spiele zu zweit vorziehen. Es ist kein Zufall, dass Mädchen hierzulande beispielsweise eine große Vorliebe für Pferde und Reiten haben. Denn hier können sie neben dem Sport auch ihre Freude an individueller Fürsorge und Pflege sowie ihre Fähigkeit zur Einfühlung in ein sensibles – und dazu noch starkes und imposantes – Lebewesen ausleben.
- Mädchen bevorzugen Zweierbeziehungen, wodurch sich ihnen eher die Gelegenheit bietet, miteinander persönliche Themen auszutauschen und intime Fragen zu erörtern.
- Jungen neigen eher zu Gruppenbeziehungen, die immer mit einer geringeren Selbstöffnung des Einzelnen verbunden sind. Außerdem steht für Jungen eher das gemeinsame Tun und Erleben im Vordergrund als das gemeinsame Reden.[16]

Jugendliche und junge Erwachsene

- Testet man ältere Kinder und Jugendliche in ihrer Intelligenz und ihren Denkleistungen, so zeigt sich deutlich: Die Leistungen an sich unterscheiden sich kaum[17], doch klar erkennbar ist, *dass Jungen in mancher Beziehung anders denken als Mädchen*, d.h., dass sie auf anderem Weg zum Ziel kommen.

Bittet man beispielsweise Jungen und Mädchen, einen Ball zu beschreiben, so nennen Mädchen eher *Eigenschaften* des Balles

---

[16] Quelle: Heidrun Bründel/Klaus Hurrelmann, Konkurrenz, Karriere, Kollaps. Männerforschung und der Abschied vom Mythos Mann, Stuttgart 1999.

[17] Abgesehen davon, dass quer durch alle Altersklassen Mädchen bzw. Frauen im Durchschnitt etwas bessere verbale Fähigkeiten besitzen, während Jungen bzw. Männer im räumlich-visuellen Vorstellungsvermögen sowie im quantitativ-mathematischen und im analytischen Denken etwas besser abschneiden, vgl. Bischof-Köhler, S. 234ff.

(»Er ist rund, luftgefüllt, bunt, aus Gummi«), während Jungen die *Funktionen* des Balles in den Vordergrund stellen (»Er rollt, er hüpft, man kann mit ihm Fußball spielen oder Scheiben einwerfen ...«).

Der weibliche Denkstil ist, so nennt es die Forschung, eher »prädikativ«, weil vor allem Prädikate (= Merkmale) und Relationen beschrieben werden, während der männliche Denkstil eher »funktional« ist, weil vor allem »Wirkungsbeziehungen« und Prozesse im Mittelpunkt des Denkens stehen.

▶ Jungen und erwachsene Männer können sich – auch dies eine häufige Beobachtung – in eine einzige Aufgabenstellung vollkommen vertiefen und ihr Umfeld dabei komplett ausblenden, vergleichbar einem Scheinwerfer, dessen Licht sich mit aller Intensität auf einen ganz bestimmten Punkt im Raum konzentriert.

▶ Der Wahrnehmungs- und Denkstil der jungen Mädchen und Frauen ist eher mit einem »Flutlicht« zu vergleichen: Frauen achten auf ein weites Feld, sehen selbst Nebensächliches, verlieren nichts aus den Augen, behalten auch noch das Umfeld im Blick und lassen ihre Aufmerksamkeit umherschweifen ...

In dem Stück »Caveman« illustrieren zahlreiche Anekdoten diesen Unterschied zwischen Männer, und Frauen im Wahrnehmungs- und Denkstil sowie in der Aufmerksamkeit. Nur drei seien genannt:

▶ Der Hauptdarsteller erzählt, er sei eines Tages nach Hause gekommen und hätte seiner Partnerin stolz erzählt, er müsse demnächst einen wichtigen Vortrag halten. Worauf sie spontan gefragt hätte: »Was wirst du anziehen?« Er hingegen hatte erwartet, dass sie fragt, *worüber* er reden werde.

▶ Er erinnert sich außerdem, dass seine Partnerin eines Tages in seinem Beisein eine Freundin traf – und sie sofort auf ein Kleidungsstück ansprach: »Oh, wo hast du denn diesen tollen Schal her?« Ihm war der Schal gar nicht aufgefallen.

▶ Auch bei einem Treffen mit einem befreundeten Ehepaar zeigten sich prägnante Unterschiede. Die zwei Frauen besprachen im Lauf des Abends ihr gesamtes Beziehungsfeld: »Wie geht es dir persönlich, was machen die Kinder, die Eltern, diese und jene, wie geht's in der Partnerschaft und wie im Beruf?« Die beiden Männer zogen sich währenddessen in den Keller bzw. die Garage (vgl. »cave« = Keller, Höhle!) zurück, um die neue Bohrmaschine zu begutachten und auszuprobieren.

Dies sind sicher absichtlich überzogene Darstellungen, doch sie schildern – dem Gelächter nach zu urteilen – recht exakt die von vielen Männern und Frauen beobachteten Verschiedenheiten in den Interessen und damit auch in der Wahl und »Bearbeitung« der Themen.
Und selbst wenn es Männern und Frauen gelingt, ein gemeinsames Gesprächsthema zu finden, was ja bei zahlreichen geselligen Zusammenkünften der Fall ist, neigen Männer eher dazu, daraus ein Problem oder Sachthema herauszuschälen, für das eine *Lösung* gefunden werden kann und muss. Wozu sollte man sonst so lange darüber sprechen? Frauen hingegen umkreisen oft ein Thema und begutachten bzw. »befühlen« es sozusagen von allen Seiten, ohne damit das Ziel oder die Erwartung zu verbinden, am Ende eine »Lösung« zu haben.

Ausgehend von dieser Tendenz im männlichen Denkstil kann man durchaus verstehen, weshalb viele Männer das Gespräch über persönliche und seelische Befindlichkeiten eher vermeiden.

Sachverhalte und Sachen – dazu gehören alle beweglichen, mechanischen und technischen Gegenstände – sowie Tatsachen, »harte Fakten« oder auch Verläufe und Prozesse lassen sich in aller Regel zerlegen, analysieren und wieder zusammensetzen. Menschen und ihre Gefühle bzw. ihre Beziehungen sind hingegen nicht so einfach auseinanderzunehmen. Sie entziehen sich meist unserem vollständigen Einblick und unserem Willen, sind mehr oder weniger »unberechenbar«. Zu viele unbekannte Variablen, zu vieles »schwer Greifbare«, zu vieles, was sich nicht so leicht eingrenzen, auf den Punkt bringen und in den Griff bekommen lässt, spielt bei Menschen, ihren Gefühlen und Beziehungen mit hinein.

Das *lösungsorientierte* Denken ist immer dann von Vorteil, wenn es sich um relativ eng umgrenzte, klar definierte oder definierbare Problemstellungen handelt. Es kommt jedoch schnell an seine Grenzen, wenn es um menschliches Empfinden und Erleben geht, das immer vielschichtig und oft unvorhersehbar ist.[18] Denn für viele Erfahrungen, die wir machen und die uns möglicherweise belasten – Verlust, Verletzung, Scham, Gefühle des Scheiterns, Angst und Ratlosigkeit – gibt es keine einfachen »Lösungen«, weil wir uns nicht einfach von ihnen (ab-)»lösen« können! Sie sind ein Teil unserer Erfahrungen – Erfahrungen, die uns tief geprägt haben, immer noch prägen und sich nicht ohne Weiteres abschütteln lassen. Sie speisen sich aus Quellen unserer Erinnerungen und Emotionen, die vielleicht zum größten Teil im Dunkel unseres Unterbewusstseins liegen und an die wir uns deshalb nur mühsam und geduldig im Gespräch oder in der Innenschau herantasten können.

Dieser letzte Ursprung im Dunkeln gilt jedoch nicht nur für viele belastende, sondern auch für beglückende Gefühle. Ein gutes Beispiel dafür ist die Liebe. Auch wenn Liebe nie völlig »grundlos« ist, sondern sehr wohl ihre »Gründe« hat, so hat sie daneben auch ihre Abgründe – all das Übermächtige, Irrationale, uns bisweilen auch Beängstigende und Überwältigende. Der französische Philosoph und Mathematiker Blaise Pascal (1623–1662) hat dieses Wesensmerkmal der Liebe mit dem schönen Wortspiel ausgedrückt: *»Le cœur a ses raisons que la raison ne connaît pas«* – zu Deutsch: *»Das Herz hat seine Gründe, die die Vernunft nicht kennt.«*[19] Und genau dieses Unberechenbare ist es, was vielen Männern auch Angst macht, weshalb sie Beziehungen unter Umständen auf emo-

---

[18] Ein gutes Beispiel dafür ist der geniale Physiker Albert Einstein, der in ganz ungewöhnlichem Maße schon früh logisch-abstrakt denken konnte, was letztlich die Basis seiner bahnbrechenden Entdeckungen war. Als es jedoch in seiner Ehe mit Mileva, der Mutter seiner beiden Söhne, zunehmend schwere Spannungen gab, reagierte er mit erschütternder Härte und Hilflosigkeit: Er diktierte seiner Frau seine Bedingungen, an die sie sich strikt zu halten hatte, wenn sie wollte, dass er weiterhin mit ihr die Wohnung (mehr aber auch nicht) teilte. Unschwer zu erraten, dass dieser »Lösungsversuch« das Verhältnis nur noch verschlimmerte und in baldiger Trennung endete. Einstein selbst sagte von sich, dass er eigentlich, was Beziehungen anbelangte, »ein Einspänner« sei. Vgl. Ernst-Peter Fischer, Einstein für die Westentasche, München 2005.
[19] Blaise Pascal, Pensées, Nr. 229, Stuttgart 1975.

tionaler »Sparflamme« kochen, um damit nicht in den Strudel ihrer eigenen Gefühle – oder in den Sog der Gefühle ihres Gegenübers – hineingerissen zu werden. Auch sogenannte »Narzissten« sind, so legen es psychologische Forschungen nahe, Menschen, die letzten Endes und entgegen dem äußeren Anschein sich selbst nicht zu sehr, sondern *zu wenig* lieben. Vermutlich wurden sie in ihrem Wunsch nach Liebe als Kinder so sehr verletzt, missachtet oder missbraucht, dass sie es zu ihrer eigenen »Rettung« vorzogen, sich emotional auf niemanden mehr wirklich einzulassen, sondern alle Menschen auf emotionalem Abstand zu halten. Dies ist ihnen jedoch nur möglich um den Preis, für immer im Käfig ihrer übersteigerten Egozentrik – die nichts mit echter Selbstliebe zu tun hat, sondern eher eine Flucht vor der Liebe ist – zu bleiben.[20]

Eine andere Möglichkeit, sich vor der Unberechenbarkeit und damit vor der Macht der Liebe zu schützen, besteht im häufigen Beziehungswechsel bzw. im »rechtzeitigen« Beziehungsabbruch, wobei die tiefere Bindung an einen Partner/eine Partnerin unbewusst schon im Frühstadium ihrer Entwicklung verhindert wird. Entweder wird das Gegenüber von vornherein zum Sexualpartner reduziert, oder aber es wird, sobald tiefere Gefühle ins Spiel kommen, zurückgewiesen bzw. verlassen. Ein treffendes Bonmot hierzu lautet: »Wer sagt ›Ich liebte die Frauen‹, hat nie eine Frau wirklich geliebt.« (Verfasser unbekannt)

Liebe verlangt Mut zur Nähe und zum Risiko, auch Mut zur Selbstenthüllung, und dieser Mut wiederum setzt ein gewisses Maß an Vertrauen, Selbstvertrauen und eigener seelischer Stabilität voraus. Wer zu wenig über diese Eigenschaften verfügt, wird instinktiv der Herausforderung einer tiefen, verbindlichen Liebesbeziehung eher aus dem Weg gehen und vor Partnern zurückscheuen, die an einer solchen Beziehung interessiert sind. Dies ist auch bei Männern häufig der Fall, die gerade eine gescheiterte Partnerschaft hinter

---

[20] Eine spannende Einführung in die Problematik des narzisstischen Menschen bietet das Buch »Narzissmus. Das innere Gefängnis« von Heinz-Peter Röhr, München 2005. Psychologen und Psychotherapeuten gehen davon aus, dass narzisstische Störungen in unserer Gesellschaft zunehmen.

sich haben. Ihr Glaube an die eigene Fähigkeit zur Beziehungsgestaltung mit einer Frau ist nicht selten erheblich erschüttert.[21]

Ein wunderschönes Beispiel für diese letzte Unverfügbarkeit unseres emotionalen Erlebens ist ein Gedicht von Erich Fried über die Liebe[22]:

Was es ist

Es ist Unsinn
sagt die Vernunft
Es ist was es ist
sagt die Liebe

Es ist Unglück
sagt die Berechnung
Es ist nichts als Schmerz
sagt die Angst
Es ist aussichtslos
sagt die Einsicht
Es ist was es ist
sagt die Liebe

Es ist lächerlich
sagt der Stolz
Es ist leichtsinnig
sagt die Vorsicht
Es ist unmöglich
sagt die Erfahrung
Es ist was es ist
sagt die Liebe.

---

[21] Dass sich gerade Männer oft sehr schnell nach einer Trennung wieder in eine neue Beziehung stürzen, hängt hingegen mit ihrem starken Wunsch zusammen, ihr angeschlagenes Selbstwertgefühl schleunigst wieder zu »reparieren«, indem sie Bestätigung bei einer neuen Partnerin suchen.
[22] aus: Erich Fried, Es ist was es ist © Verlag Klaus Wagenbach, Berlin 1983.

Fazit: Auch wenn die Unterschiede *zwischen* Männern und Frauen insgesamt geringer sein mögen als die Unterschiede *innerhalb* des weiblichen und *innerhalb* des männlichen Geschlechts, so ist doch unverkennbar, dass Männer, entsprechend ihrem Denkstil, mit Sprache tendenziell anders umgehen bzw. Sprache oft auf andere Weise gebrauchen als Frauen. Darüber hinaus fällt auf, dass männliches Denken und Handeln eher auf eine einzige Sache konzentriert ist (spotlight), während Frauen mit ihrem Denken und Handeln eher »Kreise ziehen«, man könnte auch sagen: ein breites Feld abtasten. Auf diese Weise wirkt das Denken und Reden der Männer auf Frauen oft sehr eindimensional und »vereinfachend«. Der Denk- und Argumentationsstil der Frauen wiederum macht auf Männer häufig den Eindruck, als ob sie sich permanent in Nebensächlichkeiten »verlieren« und nicht auf den Punkt kommen.

Das sind zunächst völlig neutrale Feststellungen, die keine Bewertung enthalten. Es ist nicht zu bezweifeln, dass der männliche Denkstil für bestimmte Themenstellungen und Probleme, für bestimmte Fragen und Herausforderungen ein hervorragendes und hocheffizientes Instrument darstellt. Das Gleiche gilt für den Denkstil der Frauen, doch in Bezug auf – teilweise – *andere* Herausforderungen und *andere* Lebensfragen.

Sprechen Männer mit Frauen über Sachfragen, Fakten und Tätigkeiten, so ist es durchaus möglich, dass Männer hier einige Geduld und Nachsicht mit Frauen aufbringen müssen. Wollen hingegen Frauen mit Männern beispielsweise über Gefühlszustände sprechen wie Ängste, Unsicherheit, den Wunsch nach Nähe und weitere seelische Befindlichkeiten, die sie selbst, den Partner oder ihre Beziehung betreffen, so müssen sie mit entsprechenden Hemmungen bei Männern rechnen.

4. Männer und Gefühle

»I am a rock, I am an island. And a rock feels no pain. And an island never cries ...«[23]

SIMON & GARFUNKEL, I AM A ROCK

In dem Stück »Caveman« bespricht der Hauptdarsteller seine eigenen Gefühle angesichts der abrupten Trennung nicht wirklich, sondern vertieft sich in philosophisch-analytische Grundsatzüberlegungen zu den Unterschieden zwischen Männern und Frauen. Das Erstaunliche ist: Man hat als Zuschauerin nicht den Eindruck, dass er sich dabei krampfhaft bemüht, seine Emotionen zu verbergen, sie nicht nach außen dringen zu lassen. Stattdessen wirkt sein Verhalten eher so, als ob er sich *gar keiner Gefühle bewusst sei* (abgesehen von seiner anfänglichen Empörung und Ratlosigkeit, als er vor verschlossener Tür stand).

Und in der Tat: Der Unterschied zwischen Männern und Frauen in puncto Gefühlen besteht sicher nicht in erster Linie darin, dass Frauen grundsätzlich »emotionaler« reagieren als Männer. Man sehe sich nur die überschäumenden Emotionen der Männer bei Sportereignissen und -wettkämpfen an. Man beobachte die hoch emotionalen Reaktionen von Männern im Straßenverkehr. Man studiere die von Männern dominierte Gewaltkriminalität, die nicht mit kalter Vernunft, sondern mit blindwütiger Emotionalität zusammenhängt – um nur drei Bereiche zu nennen, in denen Männer offenbar das emotionalere Geschlecht sind.

Der Unterschied dürfte vielmehr darin liegen, dass es Männern tendenziell schwerer fällt, ihre Emotionen ins Bewusstsein zu holen, sprich: *sich über das, was sie empfinden, im Klaren zu sein oder gar mit Worten Rechenschaft zu geben.*

---

[23] »Ich bin ein Fels, ich bin eine Insel. Und ein Fels fühlt keinen Schmerz. Und eine Insel weint niemals.«

Ein Beispiel: Während meiner Tätigkeit als Seelsorgerin in einem Altenheim hatte ich, wenn eine Bewohnerin oder ein Bewohner verstorben war, als Vorbereitung der Beerdigung ein oder mehrere Trauergespräche mit den Angehörigen zu führen. Oft saß mir aus diesem Anlass ein selbst schon in den Fünfzigern oder Sechzigern stehender Sohn gegenüber, den ich im Lauf des Gesprächs in der Regel fragte, was ihn mit seiner Mutter, seinem Vater besonders verbunden hätte. Ob er das Wesen seines Vaters, seiner Mutter näher beschreiben könne? Ob er sich von ihm oder ihr anerkannt und geliebt gefühlt hätte? Und was er jetzt, nach ihrem Tod, für ihn oder sie empfände?

Meine überwiegende Erfahrung bei solchen Gesprächen war, dass diese erwachsenen, oft beruflich sehr erfolgreichen Söhne großenteils hilflos und stumm wie Kinder dasaßen. Es fiel ihnen schwer, meine Fragen zu beantworten, ja, es fiel ihnen in vielen Fällen sogar schwer, ihrer Trauer über den erlittenen Verlust irgendeinen verbalen Ausdruck zu geben. Die Bindung an den verstorbenen Elternteil war da, war spürbar, oft auch spürbar tief – doch außer stummen Signalen wie traurigen Augen, hängenden Schultern, einem Zucken des Mundes oder einer vereinzelten (!) Träne wies nichts auf die Gefühlswellen hin, die in ihrem Inneren wogten. Es war gewiss nicht so, dass diese Söhne nichts empfanden oder dass sie sich wortlos weigerten, mir meine Fragen zu beantworten – eher hatte ich den Eindruck, dass sie buchstäblich um Worte ringen mussten. Ja, mir schien, als ob sie es schlichtweg *nicht fertigbrachten*, ihren Gefühlen angemessenen sprachlichen Ausdruck zu verleihen. Ihre Empfindungen waren eingeschlossen wie in einem Tresor, zu dem sie den Schlüssel nicht fanden! Kein Gott verlieh ihnen, um noch einmal mit Goethe zu sprechen, die Gabe, zu sagen, wie sie leiden! Oder: Gab er sie ihnen – und sie hatten diese Gabe schlicht und einfach nie entfaltet, sondern sie verkümmern lassen? Darauf möchte ich später zu sprechen kommen.

Zu vermuten bleibt: Die Mehrheit dieser erwachsenen Männer hatte Schwierigkeiten damit, ihre Empfindungen, die ja zunächst nonverbal und infolgedessen unbewusst sind, ins Bewusstsein zu befördern und sie dadurch sprachlich ausdrücken zu können. Inzwischen weiß ich aus vielen Beratungsgesprächen: Die Beobachtungen, die ich damals bei meinen Trauergesprächen machte, gelten nicht nur dann, wenn Männer einen lieben Menschen durch Tod verlieren. Sie gelten für alle Lebenssituationen, die mit negativ gefärbten, man könnte auch sagen, mit schwachen Gefühlen verbunden sind. Zu diesen Gefühlen zählen beispielsweise Angst, Scham, Sorge, Bedrohung, Verletzung, Trauer, Schuld, Hilflosigkeit etc. Wie wir heute wissen, werden diese Emotionen eher in der rechten Hirnhälfte aktiviert und gespeichert. Die rechte Hemisphäre verfügt – zumindest bei rechtshändigen Männern – jedoch nicht über Sprache und damit auch nicht über Bewusstsein. Um die Inhalte dieser Hirnhälfte ins Bewusstsein zu befördern, müssen sie via »Balken« (so lautet der deutsche Ausdruck für den Nervenstrang, der rechte und linke Hirnhälfte verbindet, das sogenannte *corpus callosum*) in die linke Hemisphäre transportiert werden, wo sich die für Sprache zuständigen Hirnareale befinden.

Es gibt Hinweise darauf, dass diese Verbindung bei Frauen mehr Nervenfasern beinhaltet als bei Männern, was eventuell mit erklären würde, weshalb Frauen Gefühle vielfach leichter in Worte fassen können: Der Transfer von rechts nach links ist sozusagen »flotter«. Eine andere Erklärung wäre, dass die Sprachzentren bei Frauen eher auf *beide* Hirnhälften verteilt sind, so dass es für Frauen einfacher ist, Gefühle in Worte zu fassen. Dies würde auch plausibel machen, weshalb Männer, wenn sie unter Stress, d.h. unter starken emotionalen Druck geraten (d.h. von ihrer rechten Hemisphäre dominiert sind), eher still werden, während Frauen oft zu reden beginnen. Es würde außerdem erklären, weshalb Männer in aller Regel mehr Zeit als Frauen brauchen, wenn sie Gefühle zum Ausdruck bringen oder auf Gefühle eines anderen Menschen eingehen wollen. »Frauen sind nicht nur in der Lage, ihre Gefühle schneller wahrzunehmen und schneller zu reagieren, sie können auch die nächste Frage zur Kenntnis nehmen, während sie die letzte noch verarbeiten ... Da die Funktionen der beiden Hirnhälften bei Frauen im All-

gemeinen stärker verbunden sind als bei Männern, könnte es sich hier um einen biologisch bedingten Unterschied handeln ...«[24]
Auch die beiden amerikanischen Kommunikationstrainer Allan und Barbara Pease bringen in ihrem Buch »Warum Männer nicht zuhören und Frauen schlecht einparken«[25] einige interessante Beispiele für den unterschiedlichen Gebrauch von Sprache bei Männern und Frauen. Interessant ist, dass sie trotz ihrer äußerst ausgewogenen Darstellung zu dem eindeutigen Schluss kommen: »Wenn Männer mit Frauen besser auskommen wollen, müssen sie lernen, mehr zu reden.«[26] Ich würde allerdings präzisieren: »mehr *über sich* zu reden«. Und zwei Seiten weiter heißt es: »Männer müssen lernen, dass eine Frau nicht unbedingt Problemlösungen von ihm erwartet, wenn sie ihm etwas erzählt. Und Frauen müssen lernen, dass durchaus alles in Ordnung sein kann, wenn ein Mann nicht den Mund aufmacht.«

Fazit: Der männliche Umgang mit Gefühlen, der sich aus fraulicher Sicht wie ein *Defizit* der Männer ausnimmt, ist nur *in bestimmten Lebenszusammenhängen problematisch*. In anderen Zusammenhängen kann dieses Wesensmerkmal sehr entlastend sein! Davon war schon die Rede, doch es sei an dieser Stelle noch einmal ausdrücklich wiederholt: Die Gabe, *Gefühle nicht ins Bewusstsein gelangen zu lassen*, dürfte im Lauf der menschlichen Entwicklungsgeschichte durchaus auch mit Vorteilen verbunden gewesen sein. Denn schon immer war »Kaltblütigkeit« – womit ein wirkungsvolles Unterdrücken, Ausblenden

---

[24] Samuel Shem und Janet Surrey, Alphabete der Liebe. Warum Mann und Frau doch zusammenpassen, München 2003.
[25] München 2001. Das Buch ist leider eine Mischung von exakt wiedergegebenen fremden Forschungsergebnissen und sehr spekulativen, unzulässig verallgemeinernden Behauptungen der beiden Autoren. Ein Beispiel zum Umgang mit Sprache: Pease und Pease behaupten auf S. 151 ihres Buches, die Sätze eines Mannes seien kurz, direkt, problemorientiert und konzentrierten sich aufs Wesentliche. Wer schon einmal an öffentlichen Versammlungen und Gremien teilgenommen hat, wird mir beipflichten, dass gerade Männer sich auch oft durch Weitschweifigkeit als Mittel der Selbstdarstellung auszeichnen. Dennoch ist das Kapitel 4 »Reden und Zuhören« im Buch von Pease und Pease insgesamt recht lesenswert.
[26] Ebd., S. 133.

oder Kontrollieren starker Emotionen bezeichnet wird – in manchen Momenten und Situationen des Lebens die beste Bewältigungsstrategie. Ja, wir müssen uns klarmachen, dass es in zahlreichen Situationen enorm wichtig sein kann, dass wir uns nicht von unseren aufwallenden Gefühlen überwältigen lassen, sondern sie sozusagen in den Hintergrund drängen und »ruhig Blut sowie kühlen Kopf bewahren« können.

5. »Doch wie's da drin aussieht ...« – Gefühlskontrolle als Notwendigkeit

»Im Ganzen genommen existiert bei den Menschen eine ... hochgradige Unfähigkeit, den Seelen anderer auf den Grund zu sehen.«   THEODOR FONTANE

Es gehört zum Menschsein, dass wir manchmal einer Situation entgegensehen, die uns schon im Vorfeld in Angst versetzt. Dies kann ein Gespräch mit dem Vorgesetzten sein, eine Auseinandersetzung mit der Vermieterin, aber auch eine schwierige Aufgabe, von der wir nicht wissen, ob wir sie meistern werden.

Wir haben eher eine Chance, diese Situation erfolgreich zu bewältigen, wenn wir die Angst nicht *zu* übermächtig werden lassen. Sie sollte uns lediglich in einen hellwachen, zu Höchstleistungen befähigenden Zustand versetzen. Um dieses »optimale Stressniveau« zu erreichen, ist so etwas wie emotionale »Verdrängungsarbeit« häufig unerlässlich. Sie lässt sich bis zu einem gewissen Grad erlernen und bildet die Voraussetzung für emotionale Belastbarkeit und gute Leistungen in einer Menge von Lebensbereichen.

Ein Beispiel: Menschen, denen aus irgendeinem Grund für einige Zeit der Führerschein entzogen wurde, können diesen nach einiger Zeit unter bestimmten Bedingungen wiederbekommen, sofern sie sich einer »medizinisch-technischen Untersuchung« (MTU) unterziehen. Dieser Test beinhaltet auch zahlreiche Aufgaben, die schnelles Reagieren und hohe Konzentration erfordern – wie es ja auch im Straßenverkehr notwendig ist. Beides setzt voraus, dass man nicht durch starke Gefühle abgelenkt wird. Da jedoch die meisten Untersuchungsteilnehmer unter dem enormen emotionalen Druck stehen, ihren Führerschein wiederbekommen zu wollen, sind sie während des Tests in aller Regel äußerst angespannt. Diejenigen Untersuchungsteilnehmer, denen es *nicht* gelingt, diese Anspannung unter

Kontrolle zu halten, sprich: sich von ihren Gefühlen nicht allzu sehr beeinflussen zu lassen, laufen Gefahr, in kürzester Zeit Konzentrationsprobleme zu bekommen und damit den Test nicht zu meistern. Dies geschieht leider immer wieder, ja, manche Teilnehmer werden sogar dermaßen von ihren Ängsten, den Test nicht zu bestehen, heimgesucht, dass sie mitten in der Untersuchung alles hinwerfen und wütend bzw. verzweifelt das Weite suchen.[27] Was in dieser Untersuchung verlangt – und in gewisser Weise auch getestet – wird, ist eine Fähigkeit, die grundsätzlich bei jeder Art von Prüfung eingesetzt werden muss, egal ob Abitur, Vorstellungsgespräch, Instrumentalvorspiel, Sportwettkampf usw. Es handelt sich um die Kunst, auch unter Stress, d.h. unter emotionalem Druck hoch konzentriert zu denken oder zu handeln. Das setzt die Fähigkeit der Gefühlskontrolle voraus.

In gewissen Berufen nimmt diese emotionale Selbstkontrolle Dimensionen an, in denen die Grenze zur Gefühls*verdrängung* nicht mehr erkennbar, man könnte auch sagen: fließend ist. Dazu ein Beispiel: In einer gründlichen wissenschaftlichen Untersuchung wurden erfahrene professionelle Fallschirmspringer vor einer Übung gefragt, ob sie nervös wären, sprich: ob sie Angstgefühle empfänden. »Aber nein«, wehrten die Profis einhellig ab, »das ist für uns doch nichts Ungewohntes mehr, sondern Routine. Das gehen wir inzwischen ganz locker und gelassen an!« Daraufhin bat man sie, einige physiologische Messwerte an ihnen ablesen zu dürfen, die das Ausmaß an innerer Erregung anzeigen (beispielsweise der Blutdruck oder die elektrische Leitfähigkeit der Haut, die schon bei minimal steigender Schweißproduktion aufgrund von Stress zunimmt). Die erhobenen Daten zeigten: Die Fallschirmspringer waren entgegen ihren eigenen Aussagen höchst angespannt und ganz und gar nicht gelassen. Dennoch kann man ihnen keinesfalls unterstellen, vorsätzlich die Unwahrheit gesagt zu haben. Denn: Diese Männer hatten gelernt, ihre emotionale Anspannung vollkommen ins Unterbewusstsein zu verdrängen, um sich auf diese Weise opti-

---

[27] Mündliche Mitteilung eines Mitarbeiters bei diesen Untersuchungen.

mal auf ihre Aufgabe, nämlich den Sprung aus dem Flugzeug in die Tiefe, konzentrieren zu können. Sie *sagten* nicht nur, dass sie ganz gelassen und emotionslos seien – sie *glaubten es auch, denn ihre Emotionen waren ihnen nicht (mehr) bewusst.*

Solch eine erfolgreiche »Verdrängungsarbeit« setzt allerdings einiges Training voraus. Kommt ein Profi, egal welcher Profession, nämlich in eine auch für ihn gänzlich neue und bisher nicht da gewesene Situation, so gelingt es ihm nicht auf Anhieb, die innere Erregung vollständig zu unterdrücken. Sie steigt infolgedessen in sein Bewusstsein und beeinflusst mehr oder weniger massiv sein Denken und Handeln.

Deutlich zu beobachten war dieser Vorgang in dem von zwei Franzosen zufällig mitgedrehten Film über die New Yorker Feuerwehrleute, die am 11. September 2001 in Manhattan in den brennenden Zwillingstürmen mit schwerster Ausrüstung nach oben gehen und Menschen retten sollten. Ihr Entsetzen, ihre Angst und Unsicherheit angesichts der für sie gänzlich neuen und über alle Maßen schwierigen, nicht einschätzbaren, aber bedrohlichen und schrecklichen Situation waren ihnen allen deutlich ins Gesicht geschrieben. Flackernde und unruhige Blicke, aufgerissene Augen, ein geradezu unheimliches Schweigen und ein fast gelähmt wirkendes Verhalten zeugten von ihrer inneren Hochspannung, aber auch von ihrer Ratlosigkeit. Dennoch gelang es zahlreichen dieser Feuerwehrmänner, ihre Angst effektiv unter Kontrolle zu bekommen und geradezu übermenschlich mutige Leistungen zu vollbringen. Entscheidend dafür war unter anderem wohl auch, dass diejenigen, die die einzelnen Gruppen kommandierten, äußerlich ruhig und gefasst blieben und damit einen beruhigenden Einfluss auf ihre Leute ausübten.[28]

Doch nicht nur für unsere männlichen Vorfahren bei Jagd und Kampf, sondern auch für uns gehört es heute in etlichen Berufen

---

[28] Wie extrem der Stress dieser Situation war, zeigte sich auf tragische Weise daran, dass der für die Feuerwehrleute zuständige katholische Geistliche mitten in der entsetzlichen Situation in einem der Zwillingstürme einen Herzinfarkt erlitt und starb.

zur erforderlichen Professionalität, Gefühle unterdrücken oder verdrängen zu können. Die meisten Menschen denken hier spontan an Feuerwehr, Rettungsdienste und Polizei, doch auch Lehrer und Lehrerinnen, Busfahrer, Bestattungsunternehmer, Verkäuferinnen und viele weitere Berufsstände sind häufig starkem emotionalem Stress ausgesetzt; ebenso alle Menschen, die im Gesundheitsbereich beschäftigt sind, wo es immer um gesund oder krank, oft auch um Leben oder Tod geht. Ein höchst erfolgreicher Chirurg in Chefarztposition erzählte mir beispielsweise einmal, dass er sich während seiner hoch komplizierten Operationen keinerlei Gefühle (beispielsweise Mitgefühl mit dem Kranken oder Sorge um sein weiteres Schicksal) leisten könne, weil er sonst in seiner Arbeit, die höchste Konzentration verlangte, beeinträchtigt wäre. *Nach* einer Operation befände er sich manchmal jedoch vorübergehend in einer geradezu hochemotionalen Stimmung. Es scheint, als ob sich die verdrängte Emotionalität kurzfristig eine Art Ventil suchte.

Er sagte darüber hinaus noch etwas sehr Aufschlussreiches: »Und wenn ich den ganzen Tag meine Gefühle mehr oder weniger wegschließen muss, dann kann ich sie abends nach Dienstschluss nicht wie einen Wasserhahn einfach wieder aufdrehen.« Er wollte mir damit deutlich machen, was seine potenzielle Partnerin oder Lebensgefährtin von ihm in emotionaler Hinsicht zu erwarten hatte – nämlich herzlich wenig. Nach Dienstschluss in der Klinik wenige Zeit später zu Hause ein gefühlvoller, einfühlsamer Gesprächspartner zu sein, war utopisch; viel realistischer wäre es für die Partnerin, mit einem physisch und psychisch vollkommen erschöpften Mann zu rechnen, der nur noch seine Ruhe braucht, um emotional langsam wieder aufzutauen – sofern ihn nicht vorher der Schlaf übermannt.

Ich bezweifle, dass dieser Chirurg ein Einzelfall ist – ich vermute eher, dass er stattdessen zu jenen Ärzten gehört, die sich dieses Zwanges zur Gefühlsverdrängung mitsamt seiner Konsequenzen im Privatleben in ungewöhnlich hohem Maß bewusst sind. Ähnliches gilt jedoch, wie schon erwähnt, auch für viele andere Arbeitsfelder, in denen man es entweder mit schwierigen Menschen, problematischen oder leidvollen Schicksalen oder höchst gefährlichen Situationen zu tun hat.

Gehen Frauen in Berufe, die ihnen einen höchst disziplinierten Umgang mit Gefühlen abfordern, so ist es selbstverständlich notwendig, dass sie diese Fähigkeit ebenfalls einüben. Den Frauen, die solche Berufe freiwillig wählen – wovon hierzulande auszugehen ist –, gelingt dies in der Regel auch. Doch allzu leicht hat diese Anpassung an die Herausforderungen der Arbeit zur Folge, dass diese Frauen, vor allem wenn sie in Führungspositionen gelangen, von männlichen – aber auch weiblichen – Kollegen und Mitarbeitern oft als »unweiblich« und »kalt«, ja womöglich abwertend als »Mannweib« eingestuft werden. Dies macht deutlich, welche einander widersprechenden, ja, sich teilweise geradezu ausschließenden Erwartungen (»Sei ganz professionell, aber auch ganz weiblich«, was immer das heißt) an berufstätige Frauen teilweise auch heute noch gestellt werden.

Wie war es bei mir selbst? Ich arbeitete über ein Jahrzehnt im kirchlichen Dienst als Vikarin und Pfarrvikarin[29], was zahlreiche Trauerfeiern und Beerdigungen mit sich brachte. Es war unbedingt notwendig für mich, zu lernen, mein unter Umständen aufwallendes Mitgefühl mit den trauernden Angehörigen oder auch meine eigene Trauer um die verstorbene Person (sofern ich sie gekannt hatte) so perfekt unter Kontrolle zu halten, dass mich diese Trauer nicht spontan während der Trauerfeier übermannte und mich dadurch an der Ausübung meiner Dienstpflicht gehindert hätte. Mit anderen Worten: Es gehörte zu meiner *Professionalität*, nicht plötzlich in Tränen oder gar haltloses Schluchzen auszubrechen, auch nicht mit versagender oder allzu zittriger Stimme meine innere Aufgewühltheit zu erkennen zu geben. Dies war zwar den Angehörigen erlaubt, aber nicht mir als »Amtsperson«! Hinterher war schließlich noch genug Zeit zu weinen, wenn mir danach zumute war …

Allerdings ist genau hier ein Haken. Es zeigt sich nämlich, dass

---

[29] Als Pfarrvikariat wird die Zeit zwischen Ausbildungsvikariat und erster eigener Pfarrstelle bezeichnet. Es umfasst praktisch alle Aufgaben, die zu einem Pfarramt gehören, ist jedoch noch einer Pfarrstelle angegliedert.

es keineswegs so einfach ist, unterdrückte bzw. »auf Eis gelegte« Gefühle einige Zeit später quasi wie aus einem Kühlfach wieder hervorzuholen und auftauen zu lassen. Meist bleiben sie erst einmal erstarrt und verdrängt – manchmal sogar für immer, wie sich beispielsweise an der Arbeit mit Trauma- oder Folteropfern zeigt. Gerade bei ihnen hat diese Verdrängung jedoch höchst tragische gesundheitliche und psychische Folgen.[30]

Oft kann es allerdings auch passieren, dass bei einem anderen, damit keineswegs verbundenen Anlass die verdrängten Gefühle urplötzlich mit aller Macht hervorbrechen – beispielsweise wenn man ein gefühlvolles Lied hört oder eine bewegende Szene in einem Film sieht.[31] Manchmal genügt es auch, dass ein nahestehender Mensch oder eine einfühlsame Person uns unerwartet auf das belastende Ereignis anspricht – und plötzlich brechen die mühsam errichteten Dämme, hinter denen unsere Gefühle aufgestaut waren. Auch ein kleines Detail, das zur ursprünglichen Situation gehörte – beispielsweise ein Geruch oder eine Stimme –, kann, an anderem Ort und zu anderem Anlass auftauchend, in uns mit einem Schlag wieder die gesamte Situation hervorrufen und die entsprechenden Emotionen auslösen.

Allerdings müssen es keine besonders traumatischen Ereignisse sein, die uns zur Verdrängung zwingen – es genügt, wenn wir in unserem Alltag keine Zeit haben, jene Gefühle, die wir berufsbedingt von Montag bis Freitag verdrängen oder unterdrücken müssen, in der Freizeit in irgendeiner Weise zu verarbeiten. Denn leider lösen sie sich nicht einfach ins Nichts auf, nur weil wir ihnen keine Aufmerksamkeit zollen.

Wie wichtig »nach Feierabend« dieser emotionale Ausgleich zum Stress des Berufsalltags wäre, macht ein sehr schönes Gedicht von Karl Alfred Wolken deutlich[32]:

---

[30] Vgl. Harald C. Traue, Emotion und Gesundheit, Heidelberg/Berlin 1998.
[31] Ein leitender Kriminaldirektor erzählte mir, dass dies auch bei Mitgliedern der Kriminalpolizei einige Zeit nach einem schweren Einsatz durchaus vorkommen kann. Mancher Polizist kann dann plötzlich nicht mehr zur Arbeit gehen.
[32] Zitiert auf der »Eschbacher Textkarte Nr. 13«, Verlag am Eschbach, 1987.

Leichtigkeit gewinnen

*Wenn einer schwer arbeitet, sollte er abends
seine Hände kühlen können in rinnendem Wasser,
sorglos und lächelnd
seine Müdigkeit vertreiben mit lockeren Gesten,
und sollte, ehe er einschläft, noch Hunger haben auf Gespräche
mit Freunden oder Frauen oder den unsichtbaren Bedrängern
seines Herzens, den Träumen, den unausgesprochenen Worten.
Er sollte seine Bitterkeit verlieren
und Leichtigkeit gewinnen im Atem des Abends auf Veranden
und im Dunkel verschwiegener Dielen.
So könnte er verwinden den bitteren Satz auf dem Boden
eines jeden Tages
und seine Trauer verstreun leichtsegelnd wie die Schatten
großer Schiffe in seinem Auge.*

Leichtigkeit gewinnen – damit ist das Abladen von Lasten verbunden, die sich im Lauf eines Tages, einer Woche in der Seele ansammeln. Geschrieben von einem Mann, nennt der Text mehrere Wege dorthin – die Begegnung mit der Natur, das Erleben der langsam hereinbrechenden Nacht – aber eben auch: das Gespräch. Das Gespräch mit sich selbst, das Gespräch mit dem Lebensgefährten, das Gespräch mit Freunden. Sie alle schließen sich nicht gegenseitig aus, sondern ergänzen sich. Doch wo findet solches Gespräch noch statt, wer nimmt sich die Zeit, wer hat die geeigneten Gesprächspartner dafür?

Auf viele Menschen wartet zu Hause entweder niemand – oder ein ebenfalls gestresster Partner, den man nicht auch noch mit eigenen »Bitterkeiten« belasten möchte. Es warten nicht selten zahlreiche Pflichten, es warten Haus und Hof, Schriftkram und »Zu-Erledigendes«, Kinder und – womöglich – pflegebedürftige Eltern. Leichtigkeit gewinnen durch Gespräche – viele Menschen wissen überhaupt nicht mehr, was das heißt und wie das vor sich gehen könnte. Doch was sind die Folgen?

All die verdrängten Sorgen und Ängste, Frustrationen und Enttäuschungen werden nicht nur in den Feierabend und in die Wochenenden, sondern in jede Art von Freizeitaktivität einschließlich Urlaub mitgenommen. Vor allem diejenigen, die sich vom »Tapetenwechsel« auch eine abrupte Stimmungsverbesserung erhoffen, so als ob sich fern der Heimat die mitgeschleppten Altlasten in Luft auflösen würden, sehen sich häufig bitter enttäuscht – nicht zufällig gibt es gerade im Urlaub oft große Konflikte. Angestautes kommt hoch, Verdrängtes strebt mit Macht an die Oberfläche, Bitterkeit lauert unter der Oberfläche und entlädt sich bei banalsten Anlässen. Und leider gilt: Wer im gemeinsamen Alltag keine Gesprächskultur entwickelt hat, wird sie in den gemeinsamen Urlaubstagen auch nicht plötzlich aus dem Hut zaubern …

Die Flucht in pausenlose Bewegung, Mobilität und Reizzufuhr, wie sie besonders bei den zunehmend beliebten Städte-, Kurz- und Bildungsreisen zu beobachten ist, hat für mich oft den Charakter einer »Betäubungsmaßnahme« – allerdings mit potenziellem Suchtcharakter, denn die ablenkende Wirkung lässt, kaum wieder daheim, rapide nach.

Fazit: In immer mehr Berufen gehört es zur notwendigen Professionalität, mit einem hohen Maß an emotionalem Druck und damit einhergehender seelischer Belastung fertig zu werden. Meist gelingt dies nur um den Preis konsequenter emotionaler Verdrängungsarbeit. Sie ist unerlässlich, birgt aber auch große Gefahren in sich:

Wenn es den betroffenen Männern und Frauen nicht gelingt, in ihrem Privatleben einen gezielten Ausgleich in Form von entspannenden Aktivitäten, aber auch offenen Gesprächen mit vertrauten Menschen zu schaffen, droht ein »negativer Gefühlsstau«. Er birgt auf die Dauer nicht nur ein Gesundheitsrisiko in sich[33], sondern auch das Risiko, in den eigenen menschlichen Beziehungen in eine immer gravierendere Sprachlosigkeit und damit in ein unmerkliches seelisches Auseinanderdriften zu geraten.

---

[33] Vgl. Harald C. Traue, Emotion und Gesundheit, Heidelberg/Berlin 1998.

Arbeitsbedingungen heute

Abgesehen von der beruflichen Notwendigkeit, Emotionen im Dienst einer gewissenhaften und möglichst perfekten Aufgabenbewältigung »wegschließen« oder allenfalls in kontrollierter Dosierung zulassen zu können, gibt es aus meiner Sicht noch zwei weitere Herausforderungen des Arbeitslebens, die unseren Umgang mit Gefühlen entscheidend beeinflussen.

▶ Unsere Berufswelt ist von hoher Leistungsorientierung geprägt – und damit verbunden mit einem hohen Maß an Druck, Konkurrenz und Rivalität.

Wo in erster Linie die messbare Leistung eines Menschen über seine Beurteilung, seinen Werdegang und letztlich seinen Erfolg entscheidet, ist Konkurrenz von vornherein nicht auszuschalten. Konkurrenz bedeutet, dass ich im Grunde nicht *mit*, sondern *gegen* den anderen Menschen arbeite. Er mag oberflächlich gesehen mein Partner oder mein Teamkollege sein, mit dem ich mich arrangieren und verständigen muss. Auf einer tieferen Ebene ist er jedoch mein Gegner, den ich zu übertreffen, zu überholen oder gar auszuschalten versuche.

Auch in der Politik spielt diese Rivalität nicht nur zwischen den Parteien, sondern auch *innerhalb* der verschiedenen Parteien eine große Rolle. Man denke nur an die oft scherzhaft geäußerte Steigerung »Freund – Feind – Parteifreund«, die viel von dieser Doppelbödigkeit der Beziehungen zum Ausdruck bringt. Ähnliches gilt für die Wirtschaft, wo unter vielen immer nur wenige aufsteigen und an die Spitze gelangen können. Hier ist Konkurrenzdenken geradezu unausweichlich, wenn man zielstrebig vorankommen möchte. Wer nicht so denkt oder denken will, hat schlechtere Karten, wird womöglich »ausgebootet«.

Der Zwiespalt bzw. Widerspruch zwischen äußerer Kollegialität und heimlicher Rivalität unter denjenigen, die notgedrungen zusammenarbeiten, darf jedoch auf keinen Fall gezeigt werden, denn Teamgeist wird verlangt. Die negativen Motivationen und Gefühle müssen deshalb vor der Umgebung sorgfältig verborgen werden, was viel Kraft kostet. Mit den heimlichen Rivalitätsgefühlen gehen darüber hinaus nicht selten auch Neidgefühle einher – man gönnt dem Kollegen seine Erfolge oder seinen Aufstieg nicht, fühlt sich übergangen, zurückgesetzt, zu wenig gewürdigt usw. Neid gehört jedoch zu der Sparte von Emotionen, die gesellschaftlich mit einem starken Tabu belegt sind, sodass sie nach außen normalerweise sorgfältig maskiert werden.[34] Auch hier muss also eine Art der Gefühlsverleugnung oder -verdrängung in einem sehr zentralen Lebensbereich, nämlich der Berufstätigkeit, praktiziert werden – was sich auf den Umgang mit Gefühlen im sonstigen Leben unweigerlich auswirken wird.

▶ In Zeiten der Globalisierung erfahren viele Arbeitnehmer ständige Veränderungen am Arbeitsplatz: Werkschließungen, Firmenübernahmen, Umstrukturierungen innerhalb des Betriebs. Damit verbunden sind in der Regel neue Vorgesetzte mit neuen Ideen, Rationalisierungen, veränderte Vorschriften, technische und organisatorische Neuerungen samt entsprechenden neuen Aufgabenstellungen und vieles andere mehr. Das meiste davon wird den Arbeitnehmern unter dem Etikett des Fortschritts sowie der notwendigen Flexibilität und des »permanenten Wandels« präsentiert. Vieles kommt unangekündigt, ohne Rücksprache mit den Betroffenen. Die ständigen Veränderungen erzeugen bei vielen Menschen starke Gefühle des Bedrohtseins und der Verunsicherung – denn wo sich alles immer wieder verändert, ist ja nichts mehr sicher, auch nicht das Bewährte, auch nicht die eigene Position. Die permanenten Umstrukturierungen erzeugen aber auch Emotionen der Ohnmacht und Hilflosigkeit. Der Einzelne fühlt sich als stumme Schachbrettfigur, als kleines »Rädchen« im Getriebe, das gefälligst auch wie ein Rädchen zu funktionieren hat und im Übrigen nicht gefragt wird, wie es ihm dabei ergeht.

---

[34] Vgl. mein Büchlein »Über den Neid hinauswachsen«, R. Brockhaus Verlag 2006.

Immer mehr Arbeitnehmer retten sich aus diesen allzu häufigen Erfahrungen von Ohnmacht und Entmündigung am Arbeitsplatz in die sogenannte »innere Kündigung«. Damit ist gemeint, dass sich die emotionale Bindung an den Arbeitgeber sowie an die eigene Tätigkeit immer mehr lockert. Ziel ist, das eigene seelische Gleichgewicht zu stabilisieren und sich besser gegen Frustrationen zu schützen. Die nachlassende Identifikation und damit auch Motivation in Bezug auf die eigene Arbeit muss als eine Art »Notwehr« der Psyche gedeutet werden, die nicht in der Angst vor ständig neuen Verunsicherungen leben möchte. Denn da, wo man nur noch wenig »Herzblut« investiert und sich mit innerer Distanz wappnet, ist man auch nicht mehr so leicht durch Veränderungen, Verletzungen oder Verluste zu erschüttern.

Doch die Flucht in den mit wenig innerem Engagement abgeleisteten »Dienst nach Vorschrift« hat einen hohen Preis: die Gefühlsunterdrückung. Denn eigentlich haben Menschen das Bedürfnis, sich mit dem, was sie tun, identifizieren zu können. Eigentlich wollen sie mit Leib *und Seele* dabei sein. Nur so schenkt die Arbeit jene Befriedigung und Sinnerfahrung, die man sich von ihr über die materielle Entlohnung hinaus – zu Recht – erhofft.

Wer jedoch immer wieder feststellen muss: »Das hat sich zwar bewährt, aber das wird jetzt einfach abgeschafft« oder: »Das haben wir zwar prima gemacht, aber offensichtlich interessiert das keinen«, der wird immer häufiger in die Situation kommen, sich sagen zu müssen: »Ist mir doch egal, ich kann eh nichts machen« oder: »Darum kümmere ich mich nicht mehr, meine Meinung und Erfahrung sind sowieso nicht gefragt«. Das führt zu einer Menge Frustration und Wut, aber auch zu Trauer und Resignation. All diese Gefühle darf der Arbeitnehmer am Arbeitsplatz nicht offen zeigen oder gar ausleben, sonst leidet die von ihm erwartete Leistung, und die selbstverständlich ebenfalls an den Tag zu legende Loyalität dem Arbeitgeber gegenüber lässt zu wünschen übrig.

Kommen jedoch solche Menschen abends nach Dienstschluss nach Hause, so sind sie seelisch sehr erschöpft, denn diese Form der Disidentifikation (= Verschwinden der ursprünglichen Identifikation mit dem eigenen Tun) kostet eine Menge Energie, die zusätzlich zur eigentlichen Arbeitsleistung aufgewendet werden muss.

Den Hebel nach Feierabend einfach umzulegen und plötzlich gegenüber Partner und Kindern ein emotional lebendiger, positiv gestimmter und weitgehend unbelasteter Mensch zu sein, ist auch in dieser Arbeitssituation schwer möglich. Viele Arbeitnehmer wollen auch den Partner und die Kinder von den eigenen Kümmernissen und Sorgen nach Möglichkeit verschonen, ahnen sie doch, dass sie jene damit nur in Angst und Unruhe versetzen würden. Mancher rechnet möglicherweise auch mit Reaktionen des Partners, die eher verletzend als entlastend wirken würden, wie z.B. Unverständnis, Vorwürfe, kritische Rückfragen oder schlichte Abwehr: »Hör auf damit, ich hab genug eigene Sorgen!« – »Komm mir bloß nicht auch noch mit so etwas!«

Die mögliche Folge: Der seelisch belastete Partner zieht sich eher in sich selbst zurück – was, sofern es ein Mann ist, eventuell ohnehin seiner natürlichen Tendenz entspricht. Das Gespräch über Gefühle und Bedürfnisse wird immer weniger geübt. Die Abende werden am Computer, am Fernseher, im Hobbykeller oder bei wortkargen gemeinsamen Freizeitaktivitäten verbracht (wunderbar eignet sich hier beispielsweise Fahrradfahren).

Gelten all diese Herausforderungen mitsamt den damit verbundenen Problemen nicht für Männer und Frauen gleichermaßen? Schließlich sind immer mehr Frauen berufstätig, und sie gehen immer mehr auch in Berufe, die früher ausschließlich Männern vorbehalten waren. Selbstverständlich ist das so!

Doch noch sind Frauen in vielen Fällen etwas besser dran. Zum einen arbeiten zahlreiche Frauen in Teilzeit, sodass sie die Möglichkeit haben, durch ein Engagement in anderen Lebensbereichen ein Gegengewicht zu der belastenden Berufsrealität zu schaffen. Zum Zweiten wird es bei Frauen, zumal wenn sie nur teilzeitbeschäftigt sind, eher toleriert, wenn sie keine Karriere machen oder anstreben, sondern mit dem erreichten beruflichen Niveau zufrieden sind. Sie müssen sich, wenn sie nicht wollen, nicht unbedingt unter »Karrieredruck« setzen. Für Männer ist dieser Verzicht schon schwieriger und erfordert mehr Mut.

Darüber hinaus scheint mir jedoch noch ein dritter – und entscheidender – Unterschied zu bestehen: Die meisten Frauen pflegen, sofern es ihre Zeit erlaubt, eine oder mehrere engere Freundschaften mit anderen Frauen, mit denen sie auch ihr seelisches Erleben teilen. Im – oft auch nur per Telefon geführten – Gespräch mit diesen Frauen können sie einen Teil ihrer Frustration oder ihrer Probleme aussprechen und damit auch »abladen« und bearbeiten. Die Freundin bietet im besten Fall Resonanz, einen anderen Blickwinkel, Tipps und Ratschläge oder auch einfach nur Verständnis, Trost und Aufmunterung. Dies alles wirkt in hohem Maß entlastend und »reinigend«, aber auch regenerierend und kraftspendend.

6. Das Vorbild der Eltern

»Denn niemand glaube, die ersten Eindrücke der Jugend überwinden zu können!« JOHANN WOLFGANG VON GOETHE

Väter und Söhne

Die Familie ist der Ursprungsort, an dem wir lernen, wie »man« sich als Junge oder Mädchen, als Mann oder Frau verhält. Da die Väter oft nicht nur räumlich, sondern aufgrund ihrer Berufstätigkeit auch mental und emotional häufig abwesend oder erschöpft sind, steht vielen Jungen – selbst wenn die Familie intakt ist – kein männliches »emotionales Identifikationsangebot« zur Verfügung – sprich: kein Mann, von dem sie lernen können, wie »Mann« mit Gefühlen und Bedürfnissen umgeht. Sie erleben ihre Väter vielfach nur in der einseitig starken Rolle des Mannes, der viel tut, aber wenig redet und wenig Gefühle zeigt.

Ein Beispiel – ein Mann erzählt: »Ich habe gute Freundschaften mit Männern, aber es ist ganz anders als mit Frauen. Ich kann einen ganzen Nachmittag mit einem Freund in der Garage sitzen und am Auto herumbasteln, ohne dass wir mehr als zwei Worte wechseln, aber wir fühlen uns einander nahe. Oder wenn wir angeln gehen ...« – Darauf antwortet ein anderer Mann: »Ich bin anderer Meinung, also ich bin wirklich ganz anderer Meinung. Als kleiner Junge habe ich jeden Samstag mit meinem Vater in der Garage verbracht und an der Familienkutsche herumgebastelt, und ich weiß *nichts* von meinem Vater. Überhaupt nichts, und *es kotzt mich an!* Diese Art von Freundschaft kann mir gestohlen bleiben! Es ist ein verdammter Schwachsinn, den ganzen Tag in einem Boot zu sitzen und zu angeln und kein einziges Wort zu sagen. Wir Männer müssen miteinander reden!«[35]

---

[35] In: Samuel Shem und Janet Surrey, Alphabete der Liebe, München 2003, S. 50.

Doch abgesehen davon, dass zwischen Männern meist nicht allzu viel geredet wird, schon gar nicht über Gefühle, stellt sich die Frage: Wie reagiert ein Vater auf Gefühlsäußerungen *seines Sohnes*, beispielsweise auf Tränenausbrüche? Sagt er sofort: »Ein Junge weint nicht«, oder gesteht er ihm Tränen zu und tröstet ihn? Und: Gesteht ein Vater *sich selbst* Tränen zu?

Anlässlich einer Gala zum 70. Geburtstag des Schlagersängers Tony Marshall im Januar 2008 erzählte einer seiner Söhne auf der Bühne: »Als mein Vater Anfang der 70er-Jahre erfuhr, dass er von dem Schlagerwettbewerb, auf den er sich intensiv vorbereitet hatte, disqualifiziert worden war, habe ich meinen Vater zum ersten Mal weinen gesehen.« Dieser Sohn dürfte damals schon im Schulalter gewesen sein. Ich neige dazu, zu sagen: Er hatte noch Glück – wenigstens *hat* er es erleben dürfen, dass sein Vater einmal tief traurig war und diese Trauer auch offen zeigte.[36] Viele Kinder erleben dies nie – und gewiss nicht, weil ihre Väter nie traurig gewesen wären, sondern: *weil ihre Väter wenig Gefühle zeigten und schon gar nicht darüber sprachen*. Und *wenn* sie einmal Emotionen zeigten, dann waren es eher »harte« Gefühle wie Ärger, Aggressivität, Wut, Jähzorn, Rachedurst oder, oft am schlimmsten: Verachtung und Ablehnung bis hin zur Ächtung anderer Menschen.

Was lernten diese Söhne, die sich ja am Vorbild des Vaters, ob sie wollen oder nicht, lange Zeit orientieren müssen? Sie lernten: Diese »harten« Gefühle zu zeigen und auszuleben ist erlaubt – doch die anderen, die »weichen« Gefühle, sind tabu, beispielsweise Zärtlichkeit, Bewunderung, Anhänglichkeit, aber auch Angst, Enttäuschung, Hilflosigkeit, Ohnmacht, Unsicherheit, Verletztheit, Wunsch nach Nähe und Anerkennung, nicht zuletzt Trauer und Schmerz.

Es ist eine unbestrittene und höchst erfreuliche Tatsache, dass sich viele Väter heute bewusst darum bemühen, ihren Kindern auch auf der emotionalen Ebene nahe zu sein, sich ihnen gegenüber einfühlsam zu verhalten und den Umgang und Austausch von Gefühlen

---

[36] Als der Sohn dies sagte, schwenkte die Kamera auf den Vater, und man sah deutlich, dass er sehr ergriffen, ja offenbar den Tränen nahe war – ein Zeichen dafür, dass Tony Marshall Gefühle recht gut zulassen und mitteilen kann.

mit ihren Kindern einzuüben und zu praktizieren. Oft ist dieses Bemühen getragen von der Erkenntnis, wie schmerzlich man in der eigenen Kindheit diese Nähe und Einfühlung vermisst hat.

Mütter und Söhne

In vielen Familien finden die Söhne bei den Müttern ein Gegengewicht zum Vater. Die Mütter sind emotional offen und ansprechbar und geben ihren Kindern, ob Söhne oder Töchter, Wärme und gefühlsmäßige Nähe. Sie ermuntern sie, über sich selbst und ihr Befinden zu sprechen, und gehen bei ihren Söhnen ebenso geduldig und aufmerksam auf deren Probleme ein wie bei ihren Töchtern. Oft sind es deshalb die Mütter, bei denen Söhne so etwas wie Emotionalität und Sprachfähigkeit in Sachen Gefühlen lernen. Dies kommt den späteren Partnerinnen dieser Söhne häufig zugute. Schwierig wird es allerdings, wenn auch die Mutter ausfällt.

Ich habe des Öfteren beobachtet: Wenn *beide* Elternteile eines Mannes für die Psyche und die Gefühlswelt des Kindes wenig Offenheit, Interesse und Verständnis aufbrachten und emotional eher unzugänglich und kühl waren, so ist die Wahrscheinlichkeit sehr hoch, dass die Söhne ganz ähnliche Verhaltensmuster als Erwachsene an den Tag legen – und zwar sowohl ihren Partnerinnen als auch ihren Kindern und Freunden gegenüber. Sie sind in ihrem sozialen Verhalten sowie in ihrer Kommunikation auffallend distanziert und verschlossen – man hat das Gefühl, nicht wirklich an sie heranzukommen. Hinter einer dicken Panzerglaswand sind alle Gefühle eingeschlossen und fristen ein unterentwickeltes Schattendasein. Häufig geht damit eine narzisstische Störung einher.[37] War hingegen nur *ein* Elternteil emotional distanziert oder für den Sohn nicht erreichbar, während der andere Elternteil einfühlsam und warmherzig mit ihm umging, so genügt dies oft, um auch dem Kind einen einigermaßen offenen und reifen Umgang mit den eigenen

[37] Vgl. Heinz-Peter Röhr, Narzissmus, München 2005.

Gefühlen zu vermitteln – auch wenn das fehlende positive Vorbild des Vaters oder der Mutter damit nicht völlig kompensiert werden kann. Gleiches gilt natürlich auch für Töchter – auch hier kann ein warmherziger, empathischer Elternteil bis zu einem gewissen Grad den Mangel und die Verletzung durch einen emotional unzugänglichen Elternteil ausgleichen.

Mütter und Töchter

Mütter pflegen mit ihren Töchtern meist eine intensivere Kommunikation als mit ihren Söhnen. Die Töchter reagieren zugänglicher auf das Gesprächsangebot der Mutter, mit zunehmendem Alter legen sich viele gemeinsame Themen und Probleme nahe. Allerdings hat die große Vertrautheit zwischen Müttern und Töchtern auch ihre Schattenseiten, weil sie die emotionale Ablösung erschwert. Töchter haben nach meiner Erfahrung auffallend mehr das Problem, sich zur rechten Zeit und im rechten Maß von der eigenen Mutter abgrenzen zu können. Auch wenn sie äußerlich »auf eigenen Beinen stehen«, bleiben sie doch durch ein unsichtbares emotionales Band stärker an ihre viel gebenden, aber auch viel erwartenden Mütter gebunden, als dies bei Söhnen, zumal wenn sie geheiratet haben, der Fall ist. Man kann wohl sagen, dass Frauen einerseits im Umgang mit ihrer Mutter mehr Gelegenheit haben, die Kommunikation über emotionale und persönliche Befindlichkeiten zu üben und darin Nähe und Hilfe, Unterstützung und Wegweisung zu finden. Andererseits leiden sie jedoch unter größeren Hemmungen, diese gefühlsmäßige Nähe im späteren Leben so zu regulieren, dass sie von ihr nicht allzu sehr bestimmt, manipuliert oder gar erdrückt werden.

Die notwendige Auseinandersetzung mit der eigenen Emotionalität und Abhängigkeit von der Mutter findet bei diesen Frauen oft viel zu spät und nur unter erheblichen seelischen Schmerzen statt. Der Mut, die Erwartungen der Mutter zu enttäuschen, sich auch zugunsten des eigenen Partners, der eigenen Familie in heilsame Distanz zu ihr zu begeben, ist bei vielen Frauen nur ungenügend entwickelt, denn damit ist auch ein Stück eigenes Leid, eigene Trauerarbeit verbunden. Diese Arbeit wird gescheut. Das Bewusstsein für die eigenen Gefühle kann in diesem Fall auch für die Frauen ein Handicap sein, weil sie sich von diesen Gefühlen – vor allem Schuldgefühlen – zu stark in ihrem Handeln bestimmen lassen.

Väter und Töchter

Wie für Söhne die Mutter, so ist für Töchter der Vater das erste gegengeschlechtliche Wesen, mit dem sie vertraut werden – und dieses Wesen prägt natürlich die Einstellung zum anderen Geschlecht ebenso wie den Umgang mit ihm. Töchter erleben bei ihren Vätern entweder Anerkennung und Interesse, oder aber sie machen die Erfahrung, nicht wichtig zu sein bzw. gering geschätzt oder ganz abgelehnt zu werden. Dazu ein Beispiel: Eine junge Klientin erzählte mir, dass ihr Vater sich, da er selbstständiger Unternehmer war, in ihrer Kindheit kaum um sie kümmerte und auch später nie auf die Idee kam, sie als mögliche Nachfolgerin (der einzige Bruder kam aufgrund bestimmter Umstände dafür nicht infrage) in seine Firma hineinzunehmen. Ihr schien, dass er mit ihr als Tochter, sobald sie in die Pubertät kam und zur jungen Frau heranreifte, nichts mehr anfangen konnte, sie im Gegenteil eher mied. Er selbst hatte – wen überrascht es – eine sehr unglückliche Kindheit mit zwei emotional kalten und lieblosen Eltern. Seine Ehe war, so empfand es die Tochter, schon lange nur noch zweckorientiert und nicht von emotionaler Nähe oder Wärme bestimmt.

Die Frage ist: Wie wirkte sich diese permanente Nichtbeachtung auf die Tochter aus? Zum einen war sie für jede Form männlicher Aufmerksamkeit und Wertschätzung extrem empfänglich. Dafür zahlte sie allerdings einen hohen Preis, weil sie sich immer wieder unkritisch auf Männer einließ, die ihr weder ebenbürtig waren noch guttaten.

Zum anderen klagte die Klientin über ein äußerst schwaches Selbstwertgefühl – sobald sie beispielsweise einen Chef hatte, der ähnlich despotische Züge oder Verhaltensweisen wie ihr Vater aufwies, kannte sie keine andere Lösung, als unverzüglich zu kündigen und sich eine andere Stelle zu suchen. Sie hatte niemals gelernt, sich gegen emotionalen Druck vonseiten eines Mannes zu wehren – so blieb ihr nur die Flucht. Dies zeigt, dass die Väter auf den späteren Umgang einer Frau mit dem anderen Geschlecht durchaus von großem Einfluss sein können.

Allerdings kann der Vater die Tochter emotional auch so stark an sich binden, dass diese als erwachsene Frau Probleme hat, ihre Liebe einem anderen Mann zu schenken. Unbewusst würde ihr eine solche Hinwendung wie ein Verrat am Vater erscheinen.[38]

Eltern und Kinder – wie war es früher?

Generell kann man wohl sagen: Über Emotionen zu sprechen war früheren Generationen in unserem Land vermutlich eher fremd. Arbeiten, um zu überleben, tüchtig sein, ausdauernd sein, es vielleicht irgendwann besser haben – das waren die Lebensmaximen, denen sich in den unteren und mittleren Bevölkerungsschichten alles andere weitgehend unterordnete. Gefühle (z.B. Sehnsucht, Sinnlichkeit, Wunsch nach Nähe und Verbundenheit, nach Ekstase und überschäumender Freude, aber auch Neid, Groll, Wunsch nach Rache etc.) hatte man natürlich auch, und sie wurden bei bestimmten Anlässen wie Festen oder plötzlich auftretenden Konflikten teilweise auch sehr eruptiv und intensiv ausgelebt – doch darüber offen miteinander zu *sprechen* war meist undenkbar.

In den bürgerlichen und erst recht großbürgerlichen Schichten – in denen die sprachlichen Mittel, um Gefühle auszudrücken, aufgrund der höheren Bildung sehr wohl vorhanden waren – herrschte hingegen das Ideal der Selbstdisziplin und Selbstbeherrschung. »Haltung bewahren« wurde so zum Ziel der gesamten Lebensfüh-

---

[38] Vgl. Julia Onken, Vatermänner. Ein Bericht über die Vater-Tochter-Beziehung und ihren Einfluss auf die Partnerschaft, München 1993.

rung. »Nimm dich zusammen« und »Darüber spricht man nicht« waren die stillschweigenden Gesetze, die für unzählige Themen des Lebens und Miteinanderlebens galten – und damit auch für unzählige Themen des Leidens. Etwas »Peinliches«, gar »Intimes« anzusprechen oder womöglich die »contenance« (Haltung) zu verlieren – das war mit das Schlimmste und Schändlichste, was einem Angehörigen jener Schicht passieren konnte.

Mithilfe dieser höchst eindrucksvollen, aber eben auch häufig sich und anderen gegenüber erbarmungslosen Härte und Selbstdisziplin überstanden diese Menschen – wenn man nur an das 20. Jahrhundert denkt – zwei Weltkriege, Zerstörung, Flucht und Vertreibung, den Verlust unzähliger Familienmitglieder und Güter und vieles mehr.

Die Männer – hätten sie den Krieg durchgestanden ohne ein enormes Maß an Gefühlsverdrängung? Hätten sie auch in der Zeit nach dem Krieg ihr Leben ohne diese Verdrängung von Gefühlen – und nun auch Erinnerungen – meistern können? Ebenso die Frauen: Wie viele mussten sich oft nach kurzer, glücklicher Ehe plötzlich allein im Krieg oder später als Kriegerwitwen mit ein oder mehreren Kindern durchschlagen! Da war kein Raum für Träume, Trauer und Schmerz, da hieß es einfach nur: nicht lamentieren, sondern funktionieren und die Zähne zusammenbeißen. Eine enorme Leistung, die uns Nachgeborenen tiefsten Respekt abnötigt!

Was also hätten diese Generationen – und zwar sowohl Mütter als auch Väter – ihren Kindern denn beibringen können, bezogen auf den offenen, bewussten Umgang mit Gefühlen? Sie hatten zunächst schlichtweg keine Zeit – und nahmen sich auch keine –, um das, was sie selbst erlebt und durchlitten hatten, zu reflektieren oder gar zu verarbeiten. Sie hatten aber auch keinen Raum, keinen Partner: Wen hätte das alles denn interessiert? Hatte doch jeder seine eigene Bürde an schweren Erinnerungen. Die Hinwendung zu einem Seelsorger erlaubte die eigene Scheu meist nicht, wohingegen der Gang zum Psychologen oder Psychotherapeuten fast undenkbar war – schon deshalb, weil es bis in die 70er-Jahre hinein kaum Vertreter dieses Berufsstandes gab.

Und die Kinder dieser Generation? Es sind die im und nach dem Krieg Geborenen, die heute ihrerseits teilweise schon Großeltern sind. Auch sie mussten oft schwerste Traumata erleben – der Verlust von Familienmitgliedern, die Ohnmachtserfahrungen und die namenlose Angst bei Bombardierungen, in Kellern und auf der Flucht, die schrecklichen Bilder, die sich in ihre kindliche Seele einbrannten, der stumme Schmerz, den die Eltern mit sich trugen und der nie wirklich zur Sprache kam ... Diese damaligen Kinder übernahmen oft frühzeitig die Aufgabe, die Mutter zu trösten, den Vater zu ersetzen, so gut es eben ging, und die brüchige Harmonie ja nicht zu gefährden – alles Aufgaben, die mit enormer Gefühlsverdrängung und Selbstüberforderung für diese Kinder verbunden waren. Wann – und wo – sollten sie dies alles aufarbeiten, wann einen anderen Umgang mit sich selbst und den eigenen Emotionen einüben? Manche von ihnen lernen jetzt, im Alter, sich all diese Erfahrungen und Erlebnisse »von der Seele« zu sprechen oder zu schreiben.[39] Übrigens ist dies ein sehr tiefgründiger Ausdruck: »sich etwas von der Seele reden« – er verweist auf die Last, die auf unseren Seelen liegt, wenn wir schweigen.

Doch zurück zu den Männern. Wenn Jungen einst oder heute das Glück hatten und haben, Väter zu besitzen, die sich ihnen auch emotional öffnen und ihnen emotional nahe sind, dann lernen diese Söhne auf alle Fälle etwas sehr Wichtiges: Es gibt außer dem in der Gruppe der Gleichaltrigen vornehmlich geforderten Ideal des Stark- oder »Coolseins«, also des Verbergens von schwachen Gefühlen, auch noch eine andere Art, mit Emotionen umzugehen. Dies gibt ihnen innere und äußere Widerstandskraft.

Doch leider sah die Wirklichkeit bei der Mehrheit der heute erwachsenen Männer anders aus. Ein wissenschaftliches Werk über Männerforschung[40] resümiert: »Viele Jungen haben sich in ihrer

---

[39] Eine über 70-jährige Frau erzählte mir, wie ihr jetzt im Alter klar werde, dass sie ihr Leben lang das Trauma verfolgt hätte, dass ihre Mutter sich mit ihr und ihren Geschwistern auf der Flucht in einem Anfall von Verzweiflung ertränken wollte. Vgl. auch Sabine Bode, Die vergessene Generation. Die Kriegskinder brechen ihr Schweigen, München/Zürich 2005.
[40] Heidrun Bründel/Klaus Hurrelmann, Konkurrenz, Karriere, Kollaps. Stuttgart 1999, S. 28f.

Kindheit nach mehr Zärtlichkeit vom Vater und nach seiner Anerkennung gesehnt, und auch noch im Erwachsenenleben behalten sie diese Sehnsucht und suchen nach einem Vaterbild, das sie nie erlebt haben ... Das größte Problem von Söhnen im Mannesalter ist aus der rückblickenden Sicht der Söhne die väterliche Distanz und Zurückhaltung. Sie haben darunter gelitten und es sich anders gewünscht. Sie haben sich bemüht, den Erwartungen ihrer Väter zu entsprechen, dabei jedoch immer Angst haben müssen, ihren Vorstellungen von Männlichkeit nicht gerecht zu werden.« Wen wundert dies Verhalten der Väter angesichts der deutschen Geschichte? Wenn ein Vater seine eigene Sehnsucht nach Verbundenheit womöglich jahrzehntelang tief in sich vergraben und geheim gehalten hat, ist es schwer für ihn, seinem Sohn den Wert von Verbundenheit und wechselseitiger Empathie nahezubringen.

Dazu ein Beispiel: Einer der Söhne des früheren deutschen Bundeskanzlers Willy Brandt, heute 56 Jahre alt, erwähnte in einem Interview, dass sein Vater ihm eigentlich nie »reingeredet« hätte in sein Leben, auch nicht während seiner Jugendzeit. Dass sich hinter dieser scheinbar positiven Formulierung möglicherweise ein tiefer Schmerz über die dahinterstehende fehlende Verbundenheit, das fehlende *Interesse* des Vaters verbirgt, wird in folgender vom Sohn ebenfalls erzählten Episode deutlich: Er schenkte seinem Vater ein Buch von Bertolt Brecht, in das er eine Widmung schrieb. Der Vater schenkte ihm dieses Buch am nächsten Weihnachtsfest zurück – er hatte ganz offensichtlich sowohl vergessen, dass er es von seinem Sohn bekommen hatte, noch hatte er, bevor er es seinerseits wieder dem Sohn schenkte, überhaupt gründlicher hineingeschaut – sonst hätte er zumindest die Widmung bemerkt.[41]

[41] Interview in Chrismon 05/2007, S. 27.

Vaterlose Söhne

Und wie war und ist es mit den vielen Söhnen, die *ohne* Väter aufwachsen mussten und müssen? Sie haben einerseits den Schmerz dieser Lücke oder dieses Verlusts zu verkraften – andererseits ist das Fehlen eines männlichen Vorbilds auch eine Chance. Der heranwachsende Junge ist, so überraschend sich das anhören mag, zwar ohne väterlichen Beistand und väterliches Modell, gleichzeitig ist er dadurch jedoch auch *freier* in der Entwicklung seiner eigenen Geschlechtsrolle.

Mir selbst fällt in der Freundschaft mit einigen Männern, die ohne Vater aufgewachsen sind (und die von ihren Müttern nicht in die Rolle des Partnerersatzes gedrängt wurden), auf, dass diese eher ihre »weichen« Seiten – wozu auch weiche Gefühle gehören – mitteilen und zeigen können als Männer, die mit emotional eher verschlossenen oder harten Vätern aufwuchsen. In dem Mangel steckt also durchaus auch eine Chance, vor allem, wenn stellvertretende männliche Modelle die »Vaterlücke« teilweise in positiver Weise kompensieren konnten (z.B. Verwandte, engagierte Lehrer oder Freizeitgruppenleiter u.a.).

Doch auch Kinder, die *mit* Vätern aufwachsen, erleben diese heute oft zu wenig seelisch präsent – selbst wenn sie zu Hause sind. Die oben beschriebene Überlastung mit eigenen Problemen (dazu möglicherweise weitere familiäre Verpflichtungen) und nicht zuletzt die schlichte psychische Erschöpfung hindern Väter daran, nach Feierabend oder in der Freizeit ihren Kindern einfühlsame Gesprächspartner, liebevolle Helfer oder emotional fröhliche Spielgefährten zu sein.[42] Man ist froh, wenn die Kinder irgendwo »untergebracht« sind, vor ihrem Computer oder Fernseher sitzen und keine großen Anforderungen an die Eltern stellen. Dies gilt natürlich potenziell auch für voll erwerbstätige Mütter, und es gilt in höchstem

---

[42] Zitat aus einem Interview mit Lars Brandt: »Meine Eltern hatten genug mit sich selbst zu tun und mit dem, was sie machten, und dann gab's auch noch uns« (Chrismon 5/2007, S. 24).

Maß für Alleinerziehende, ob Männer oder Frauen, die viele, allzu viele Belastungen alleine tragen müssen, sodass die Kraft zur emotionalen Empathie und Präsenz gegenüber den Kindern schlichtweg oft nicht mehr reicht.

Wenn Eltern sich trennen

Wie aber steht es mit Scheidungskindern, die ja in der Regel seelisch – und oft auch räumlich – zwischen Mutter und Vater hin- und herpendeln? Abgesehen davon, dass eine Scheidung oder Trennung oft die zwar bittere, aber unter den gegebenen Umständen bessere Lösung für die Eltern ist, darf man die emotionale Belastung, die auf die beteiligten Kinder zukommt, nicht ignorieren oder gar bagatellisieren.[43]

Zwar wenden hier die nicht anwesenden Elternteile – mehrheitlich sind dies die Väter – nicht selten viel Energie auf, um ihre Kinder regelmäßig zu sehen[44], doch sind diese Begegnungen von vornherein durch schwere Hypotheken auf beiden Seiten überschattet: Der Vater trägt in seine Beziehung zum Kind fast zwangsläufig all die unverarbeiteten oder noch anhaltenden Verletzungen und Konflikte mit der Mutter des Kindes hinein (umgekehrt die Mutter ebenso). Schon durch die Art der »Übergabe« und die Art, wie mit- und übereinander geredet wird, erfährt das Kind, in welcher Spannung die Eltern zueinander stehen, und ist dementsprechend selbst emotional angespannt und eingeschüchtert.

Dazu kommt, dass Kinder grundsätzlich im tiefsten Inneren der verlorenen Einheit der Eltern nachtrauern und in Gegenwart jedes

---

[43] Die Betroffenheit – und damit auch die Belastung – ist selbst noch bei Jugendlichen extrem hoch. Ein mit mir befreundeter Wissenschaftler, der sich mit den Ursachen befasste, weshalb Jugendliche eine Lehre abbrechen oder in der Schule extreme Leistungsverschlechterungen aufweisen, erzählte mir, dass einer der häufigsten Gründe hierfür das Zerbrechen der Familie durch Scheidung der Eltern ist.

[44] Eine geschiedene Frau sagte zu mir, ihr Kind hätte seit der Scheidung einen wesentlich intensiveren Kontakt zu seinem Vater, da es diesem plötzlich sehr wichtig sei, seine Tochter regelmäßig zu sehen. Auch das gibt es.

einzelnen Elternteils permanent die enorme Verdrängungsleistung bringen müssen, ihrem Schmerz über die Trennung und ihrem Wunsch nach Nähe oder gar Wiedervereinigung der Eltern keinen Ausdruck verleihen zu dürfen, weil dies die eh schon belasteten Eltern ja noch mehr belasten würde. Kinder wollen jedoch Anerkennung, Harmonie und Frieden, und sie verleugnen sich lieber selbst, als dass sie diese Harmonie mit den einzelnen Elternteilen gefährden. Sie sagen sich unbewusst: »Wenn Papa und Mama schon so viele Probleme haben und nicht miteinander klarkommen, dann muss *ich* wenigstens funktionieren.« Und wie oft hört das Kind, wenn es doch einmal seinem Schmerz über die allwöchentlichen oder vierzehntägigen Trennungen Ausdruck verleiht, dass es doch vernünftig sein solle, schließlich habe man es doch so mit ihm abgesprochen?! Und man biete ihm doch so vieles?! – Damit wird der Schmerz abgewürgt, aber nicht wirklich gelindert.

Es ist nicht nur dieser lang anhaltende Schmerz, sondern auch die *emotionale Verdrängungsleistung,* die nicht unterschätzt werden darf. Beides wird im Kind tiefe Spuren im Umgang mit Gefühlen hinterlassen – wodurch wiederum seine eigene spätere Gestaltung von Beziehungen, insbesondere von einer Partnerschaft, in hohem Maß beeinflusst wird.

Doch eines muss an dieser Stelle klar gesagt werden: *Eine Kindheit oder Jugend ohne erhebliche emotionale Belastungen war und ist eher die Ausnahme als die Regel.* War es in vergangenen Zeiten vor allem der verfrühte Tod eines Elternteils oder sonstiger Familienmitglieder, den Kinder zu verkraften hatten, ganz zu schweigen von frühzeitig verordneter Selbstständigkeit[45] oder permanenter materieller Not und Unsicherheit, so ist es heute der Verlust eines Elternteils durch Scheidung – oft verbunden mit materiellen Einschränkungen –, der Kindern schwer zu schaffen macht. Und immer schon hatten wohl nur wenige Kinder das Glück, in einer nicht nur scheinbar, sondern tatsächlich emotional gesunden, harmonischen

---

[45] Die Konfirmation im Alter von 14 Jahren markierte einst das Ende der Kindheit, hinfort mussten viele Jungen und Mädchen sich sozusagen selbst ihren Lebensunterhalt verdienen.

Familie aufzuwachsen oder wenigstens einen »verbleibenden« Elternteil zu besitzen, der ihnen beibrachte, wie man mit Gefühlen so umgeht, dass sie die Seele zwar belasten, aber nicht zerbrechen können.

Und war es in vergangenen Zeiten vor allem die physische Erschöpfung aufgrund schwerer körperlicher Arbeit, so ist es heute oft die psychische Müdigkeit aufgrund von emotionalem Stress, die Väter – und Mütter – davon abhält, für ihre Kinder emotional so offen und ansprechbar zu sein, wie diese es zur eigenen Entwicklung, Entfaltung und Aufarbeitung ihrer Gefühle bräuchten.

7. Unsere gefühlsarme Gesellschaft

»Gelehrt sind wir genug;
was uns fehlt, ist Freude,
was wir brauchen, ist Hoffnung,
was uns Not tut, ist Zuversicht,
wonach wir schmachten, ist Frohsinn!«

CURT GOETZ

Abgesehen von den gestiegenen psychischen Belastungen am Arbeitsplatz[46] bin ich der Meinung, dass unsere Gesellschaft insgesamt keine besonders förderlichen Bedingungen bietet, um sich zu einem emotional empfindsamen und lebendigen Menschen zu entwickeln, der mit seinen Gefühlen sozusagen in engem Kontakt ist. Einige Beobachtungen, die mich zu dieser Auffassung führen, möchte ich skizzieren.

- Die »Verinselung« der Kindheit
Kinder wuchsen hierzulande noch bis in die 70er-/80er-Jahre des letzten Jahrhunderts in der Regel mit einem stabilen Kreis von Gleichaltrigen, Freunden, Mitschülern und Nachbarkindern auf, mit denen man mehr oder weniger die gesamte Freizeit vom Kleinkindalter bis in die Schulzeit teilte. Familiäre Beziehungen – meist gab es eine größere Verwandtschaft – wurden regelmäßiger und intensiver gepflegt als heute. Auf diese Weise entstanden stabile Bindungen, in denen es Streit, durchaus aber auch Versöhnung gab. Wo es zu Enttäuschungen kam, wo aber auch immer wieder so etwas wie neues Vertrauen entstand. Mit anderen Worten: Gerade die *Kontinuität und Stabilität* der Beziehungen bildeten eine ideale Voraus-

---

[46] Man denke nur an das wachsende Heer der »geringfügig Verdienenden«, die trotz mehrerer Jobs kaum ihren Lebensunterhalt bestreiten können und demzufolge immer unter zeitlichem und seelischem Druck stehen! Ähnliches gilt für das Heer der lediglich in Zeitverträgen Beschäftigten.

setzung, um den offenen Umgang mit Gefühlen sowie den jeweils in einer Situation angemessenen Gefühlsausdruck zu lernen. Hinzu kamen oft Geschwister – ein hervorragendes Übungsfeld des menschlichen Miteinanders –, die auch halfen, familiäre Belastungen gemeinsam zu verarbeiten. Es gab vertraute Nachbarn, deren Vorzüge und Launen, Stärken und Schwächen man im Lauf der Zeit einzuschätzen lernte. Die Gemeinschaftserfahrungen waren, vor allem in überschaubaren Kommunen, nicht nur zahlreicher, sondern auch intensiver und beständiger als heutzutage, wo das nächste als Freund oder Spielgefährte infrage kommende Kind oft so weit entfernt wohnt, dass spontane Zusammenkünfte gar nicht mehr möglich sind. Nicht zuletzt leben immer mehr Menschen ohne nachbarliche Beziehungen in insulären »Kleinstfamilien«, sodass die Kinder kaum mehr Interaktions- und Ansprechpartner außerhalb der Schule haben – es sei denn, Großeltern sind verfügbar.

- »Lebensabschnittsbeziehungen«
Die zunehmende Häufung von »Lebensabschnittsbeziehungen« in Freundschaft und Liebe führt dazu, dass langsam gewachsene, durch viele gemeinsame Jahre und Erfahrungen immer mehr bewährte – und dementsprechend belastbare – menschliche Bindungen seltener werden.

Einer der Gründe hierfür ist die beispielsweise von angehenden Akademikern erwartete hohe Mobilität, die schon in Schule und Studium beginnt. Im Gymnasium gibt es keinen festen Klassenverband mehr, mit dem man bis zum Abitur Freud und Leid teilt, im Studium wechselt man mehrmals den Studienort, spätere befristete Arbeitsverträge erfordern nicht selten häufige Ortswechsel rund um den Globus.

Wie ich in meiner seelsorgerlichen Arbeit mit hochbetagten Menschen feststellte, sind jedoch gerade Freundschaften, die in der Jugendzeit oder im jungen Erwachsenenalter geschlossen wurden, besonders langlebig und haltbar. Doch wo sollen bei den heutigen »Wochenarbeitsplänen« von Kindern und Jugendlichen solche Freundschaften noch gedeihen, wo sollen sie Zeit und Raum finden? Die Kinder pendeln von Gruppe zu Gruppe – von der Klasse in die Musikschule, von der Musikschule in den Sportverein, vom Sportverein in die Nachhilfe, und haben gar keine Zeit, sich intensiv mit Gleichaltrigen auszutauschen. Dazu kommt oft, dass gerade Jungen mit Vorliebe ihre Freizeit am Computer verbringen – durchaus kreativ, unter Umständen auch mit anderen zusammen, doch das Zusammensein konzentriert sich auf »die Kiste«; die persönliche Begegnung, beispielsweise im langwierigen Aushandeln von Spielregeln, wird weniger. Auch Erwachsene sind in ihrer Freizeit häufig in Gruppen und Vereinen engagiert, wo sie einen bestimmten Posten, eine spezielle Aufgabe haben, sodass der »zweckfreie Austausch«, bei dem man sich menschlich näherkommen kann, eher nebensächlich ist oder nur in großen Runden mit entsprechendem Zwang zur Oberflächlichkeit stattfindet.

Dank Telefon und E-Mail werden heute selbstverständlich sehr viel mehr und sehr viel intensivere Fernbeziehungen gepflegt, als dies früher bei langen Postwegen der Fall war. Doch ist fraglich, ob damit auch eine größere emotionale Verbundenheit und Nähe verknüpft ist. E-Mails zu senden oder zu telefonieren ist eine schnelle Kommunikationsform, die weniger Nachdenken, auch weniger Gründlichkeit und Sorgfalt erfordert als das Briefschreiben, weshalb sie von immer mehr Menschen auch dem Briefschreiben vorgezogen wird. In der Geschütztheit des brieflichen Austauschs kann man sich jedoch eher einen tieferen Gedanken, ein intimeres oder komplexeres Gefühl bewusst machen und dem anderen in sorgfältig gewählten, wohlüberlegten Worten mitteilen als in dem raschen Ping-Pong-Spiel von Rede und Gegenrede am Telefon oder Handy.

Auch fehlt den Fernbeziehungen das für die Vertrauensbildung ungemein wichtige Element des gemeinsamen Tuns und Erlebens, auch des gemeinsamen Lachens und Bangens, das Bindungen vertieft. Es fehlt die Zeit füreinander und miteinander. Wer Schönes, aber auch Schweres zusammen erfahren und durchgestanden hat, ist auf eine wesentlich tiefere Weise miteinander verbunden. Dies machen auch die oft sehr intensiven emotionalen Bande deutlich, die einst zwischen Soldaten im Krieg entstanden sind.

- Wachsender Zeitdruck im Beruf
  Auch am Arbeitsplatz besteht wegen der oben beschriebenen höheren Leistungsanforderungen, dem zunehmenden Zeitdruck und der gesteigerten Überwachung der eigenen Arbeit weniger Gelegenheit – und vielleicht auch weniger Bedürfnis – als früher, miteinander auch in freundschaftlichen und zweckfreien Kontakt zu treten. Außerdem sind bei vielen Arbeitenden die familiären Erwartungen und häuslichen Verpflichtungen gestiegen, sodass ein spontanes »Nach-der-Arbeit-Zusammensitzen« oder Ausdehnen eines geselligen Beisammenseins (beispielsweise nach einem Richtfest) nicht mehr ohne Weiteres möglich sind.
  Aufgrund der hohen Energie, die für die Arbeit aufgewendet werden muss, fühlen sich darüber hinaus viele Menschen in ihrer Freizeit so »abgeschafft«, dass soziale Verpflichtungen oder Kontakte für sie eher Last als Lust sind. Das sogenannte »cocooning« (= »sich einspinnen« in die eigenen vier Wände) hat sicher auch darin eine seiner Ursachen. Doch die vom Fernsehen ersatzweise massenhaft gelieferten »Erlebnisse aus zweiter Hand« sind mit echten menschlichen Begegnungen und der gelebten Anteilnahme am Geschick anderer Menschen nicht im Entferntesten gleichzusetzen. Im Gegenteil – wer an fremden Schicksalen nur via Bildschirm teilnimmt, verlernt es immer mehr, auf »echte« Menschen spontan zu- und auf sie einzugehen, ihnen emotionalen oder anderweitigen Beistand zu leisten!

- Angst vor Verbindlichkeit
  Damit verbunden ist ein anderes Phänomen: Viele Menschen haben die Befürchtung, bei engerer Verbindung mit anderen Menschen auch noch *deren* Sorgen und Probleme praktisch mittragen zu müssen. Als ich kürzlich eine sehr einsame und unzufriedene Frau Mitte fünfzig fragte, weshalb sie sich nicht mehr um Kontakte mit anderen Menschen bemühe, sagte sie mir unverblümt: »Dann muss ich mir deren Probleme ja auch noch anhören. Ich hab doch mit meinen eigenen schon genug zu tun!«
  Was dieser Frau ebenso wie vielen anderen Zeitgenossen offen-

bar in keiner Weise klar ist: Wer sich um andere kümmert, muss zwar Zeit und Kraft aufwenden, bekommt aber auch viel positive Energie und Wertschätzung zurück – die wiederum hilft, die eigenen Schwierigkeiten zu bewältigen, die auch Abstand und Ablenkung von eigenem Leid bedeutet. Freundschaftliche Anteilnahme und Interesse an anderen Menschen müssen keine Einbahnstraße sein, ganz im Gegenteil. Egoistisches, das heißt sich nur um sich selbst drehendes Leben erntet hingegen langfristig genau das, was dem Menschen am meisten schadet, nämlich Einsamkeit, Unzufriedenheit und innere Leere.

Vor allem beim Wegfall äußerer Strukturen wie Arbeitsplatz und Familie bricht das ganze Elend dieses Lebensstils mit Macht hervor, wie ich – nicht nur, aber auch – bei alten und verwitweten Menschen häufig beobachtet habe.

- »Immer nur lächeln ...«

Nicht zuletzt: Der ideale Zeitgenosse hat möglichst immer »gut drauf« zu sein. Damit ist eine Ausstrahlung von Optimismus gemeint, von guter Laune und unbedingtem Glauben an die eigene Stärke und die eigenen Fähigkeiten, sprich: ein zur Schau getragenes hohes Selbstbewusstsein.

Was diesem Ideal der Außendarstellung im Wege steht, sind alle Erfahrungen von Niederlagen, Scheitern sowie Selbstzweifel, persönliche Unsicherheit und vieles mehr, was das Leben an eher problematischen Erfahrungen mit sich bringt. Getreu dem Operettenmotto »Immer nur lächeln ..., doch wie's da drin aussieht, geht niemand was an« wagen es viele Menschen heute nicht mehr, sich mit ihren Problemen an andere zu wenden und sich damit als »überhaupt nicht gut drauf« oder »gut dran« zu offenbaren. Sie fürchten, als Schwächlinge und Versager, als Störenfriede oder Stimmungskiller angesehen und womöglich ausgegrenzt oder verachtet zu werden.

Dies führt dazu, dass gerade bei den negativen Gefühlen – abgesehen von Ärger – eine große Verschwiegenheit herrscht, die z.B. Trauernde, aber auch viele andere seelisch Belastete dazu treibt, sich entweder völlig zurückzuziehen oder sich in eine »Selbsthilfegruppe« mit lauter Gleichgesinnten zu flüchten. Es führt außerdem dazu, dass sich Menschen mit seelischen Problemen zunehmend an professionelle Helfer wenden, weil sie in ihrem sozialen Umfeld keine Möglichkeit sehen – oder es nicht wagen –, sich jemandem anzuvertrauen.

Zwar werden im Fernsehen in zahlreichen Filmen immer wieder menschliche Problemfälle wie Rechtsstreitigkeiten, Erziehungsprobleme und Partnerschaftskonflikte geschildert, aber in der Regel findet die »Lösung« des Problems innerhalb von 45 Minuten, maximal 90 Minuten statt. Das hat mit der Wirklichkeit nicht das Geringste zu tun, sodass diese Fälle keineswegs als Lernmodelle für das wirkliche Leben dienen können.

- Kontakt mit Lebendigem
  Im Übrigen: Auch der Umgang mit Kindern oder Tieren, der eine Fülle an emotionalen Erlebnissen bereithält, wird heute eher seltener. Tiere zu halten können sich viele Menschen aufgrund beengter Wohnverhältnisse oder Finanzen etc. nicht leisten, Kinder werden ebenfalls eine Rarität in unserem geburtenarmen Land. An die Stelle von lebendigen Wesen tritt für viele Menschen der Umgang mit Maschinen (Auto, Computer, Fernsehen etc.), sprich: mit toter Technik. Er hat außer intensiven Frustrationserlebnissen, wenn etwas nicht funktioniert oder kaputtgeht, und kurzen Glücksmomenten, wenn es endlich oder wieder oder besser funktioniert, keine breitere Gefühlspalette zu bieten. Emotionen wie Mitleid, Geduld, Einfühlungsvermögen, Toleranz, Respekt, Rücksicht, aber auch Freude, Staunen und Bewunderung können nicht eingeübt und kommuniziert werden.[47]

---

[47] Auch im gemeinsamen Spiel von Kindern können übrigens all diese Gefühle und der Umgang mit ihnen hervorragend eingeübt werden. Sie lernen, auch einmal zu verlieren; sie lernen, auch einmal die Schwächeren zu sein; sie lernen, sich zu streiten und zu versöhnen; sie lernen, auch unbequeme Spielregeln zu akzeptieren; sie lernen, aufeinander Rücksicht zu nehmen, zumal wenn die Älteren die Jüngeren miteinbeziehen – und vieles andere mehr. Wo ist heute noch, abgesehen vom Kindergarten, die Gelegenheit für Kinder, ihren Umgang mit Gefühlen gleichsam im Spiel einzuüben? Selbst bei Kindergeburtstagen wird, so mein Eindruck, immer weniger gemeinsam gespielt...

- Erhöhte Hemmschwellen
Auffallend ist, dass es für viele Menschen nur noch dann möglich ist, spontan ihre Gefühle auszudrücken oder auszuleben, wenn ihre Hemmschwellen durch die Wirkung von Alkohol herabgesetzt werden. Dies zeigt sich oft überdeutlich auf Faschingsveranstaltungen, Betriebsfeiern etc.

Abschließend sei eine ungewöhnliche emotionale Begegnung wiedergegeben: Bei dem Katholischen Weltjugendtag in Köln im Jahr 2005 waren einige christliche Filipinas im Rotlichtviertel Kölns untergebracht. Jeden Morgen und Abend kamen sie bei einer Prostituierten vorbei und erzählten ihr begeistert von ihren Erlebnissen und ihrem Glauben. Als sie sich am letzten Tag von der Frau verabschiedeten, fingen sie plötzlich an, hemmungslos zu weinen. Als die Frau fragte, was denn los sei, brach es aus ihnen heraus: Sie seien so traurig, dass sie, die Prostituierte, diese große Freude des Glaubens nicht erleben könne ... Bald darauf rief diese Frau bei einem Priester an. Sie erzählte, dass es das erste Mal in ihrem Leben gewesen sei, dass Menschen um sie geweint hätten. Und nun wolle sie wissen, wie man Christin werden könne.[48] Offenbar hat es die Frau tief berührt, dass diese philippinischen Frauen so intensiven emotionalen Anteil an ihrem persönlichen Schicksal nahmen und dabei auf eine für uns Deutsche völlig ungewohnt offene Weise ihre starken Gefühle mitteilten.

Dies ist im Übrigen auch etwas, was Menschen aus lateinamerikanischen oder afrikanischen Ländern bei uns intensiv auffällt: der eher gehemmte, um nicht zu sagen unterkühlte und verkrampfte Umgang mit Gefühlen, der zu einer für diese Fremden völlig ungewohnten Distanz, Unpersönlichkeit und fehlenden Wärme in den menschlichen Beziehungen führt.

---

[48] Geschildert von Manfred Lütz in seinem Buch »Gott. Eine kleine Geschichte des Größten«, München 2007, S. 249.

Zwischenbilanz: Die Sprachlosigkeit der Männer, wenn es um inneres Erleben und um weiche Gefühle geht, hat viele Ursachen. Hier noch einmal eine kurze Zusammenfassung der wichtigsten Gründe:

- **Veranlagung**
  Zahlreiche, möglicherweise sogar die meisten Männer haben von Natur aus ein geringeres *Bedürfnis* als Frauen, sich über ihr inneres Erleben und ihre Gefühle zu äußern und mit anderen auszutauschen. Außerdem fällt ihnen das Gespräch darüber oft schwerer. Sie praktizieren diesen Austausch von Kindheit an deshalb weniger und sind dementsprechend auch als Erwachsene ungeübter, über ihre Gefühle zu sprechen. Zur geschlechtsspezifischen Ausstattung der Männer gehört es auch, dass sie Sprache eher sach- und lösungsorientiert benutzen. Frauen sind hingegen in ihrer Kommunikation eher beziehungs- und »prozessorientiert« – in der gegenseitigen Mitteilung mitsamt den damit verbundenen emotionalen Erfahrungen liegt für die Frau ein wesentlicher Sinn ihrer Unterhaltungen, nicht unbedingt in einer damit bezweckten rationalen Problemlösung. Dieser Umgang mit Sprache ist Männern eher fremd.

- **Sozialisation**
  Erleben Jungen ihre Väter als eher verschlossen, was den Umgang und das Ausdrücken von Gefühlen anbelangt, so üben diese Väter in der Regel einen entsprechenden Einfluss auf ihre Söhne aus. Davon abweichendes Verhalten der Söhne wird von den Vätern meist nicht toleriert. Das väterliche Vorbild eines eher introvertierten oder verdrängenden Umgangs mit eigenen Gefühlen, verbunden mit der geringen Aufgeschlossenheit für die Emotionen und inneren Erlebnisse des Kindes, führt beim Sohn zu einem häufig ähnlich geprägten Gefühlsmanagement.

- **Bedingungen des Arbeitslebens**
  Die heutige Arbeitswelt beinhaltet eine Menge psychischer Stressfaktoren, verlangt jedoch andererseits in vielen Bereichen einen ext-

rem selbstkontrollierten, teilweise auch verdrängenden Umgang mit Gefühlen. Das kostet seinen Preis und wirkt sich in der Regel auch auf den privaten Umgang mit Emotionen aus. Die hohe zeitliche Beanspruchung führt in vielen Berufen darüber hinaus zu einer Vernachlässigung des Privat- und Beziehungslebens, was meist mit emotionaler »Unterentwicklung« Hand in Hand geht. Dies gilt besonders dann, wenn *beide* Partner beruflich stark eingespannt sind und nur noch wenig Zeit und Energie für die Beziehungspflege – geschweige denn für sonstige Freundschaften – übrig bleibt.

- **Mangelnde Übungsmöglichkeit in der Familie**
Der reife und offene, angstfreie Umgang mit eigenen Gefühlen und emotionalen Bedürfnissen wird am ehesten in der Herkunftsfamilie sowie der selbst gegründeten Familie gelernt. »Hier bin ich Mensch, hier darf ich sein« – so lautet sinngemäß die häufigste Begründung, weshalb Menschen Wert auf Familie legen (und zwar sowohl auf die Herkunftsfamilie als auch die selbst zu gründende Familie). Wenn das Familienleben jedoch immer mehr zum »Boxenstopp« verkümmert, in dem man sich nur noch zu gelegentlichen Mahlzeiten, gemeinsamem Fernsehen oder Organisationsabsprachen trifft (»Wer geht mit dem Hund raus? Wer kauft fürs Wochenende ein? Wann bringst du das Auto zum TÜV?«), dann wird dieses Einüben von Kommunikation, auch über Gefühle, von Kindern und Jugendlichen immer weniger gelernt – und von Erwachsenen immer mehr verlernt.[49]

- **Verkümmerung des sozialen Netzes**
Zusätzlich zur Familie bilden Freundschaften eine wertvolle Möglichkeit, wesentliche Aspekte einer stabilen Beziehung einzuüben – Kritik und Gegenkritik, Streit und Versöhnung, Verletzung und Verzeihen, Anerkennung schenken und erfahren, Freud und Leid

---

[49] Mir fällt häufig auf, dass Eltern sich mit ihren Kindern, wenn sie gemeinsam unterwegs oder in einer Gaststätte sind, nicht oder äußerst wenig unterhalten – ebenso wenig unterhalten sich die Eltern natürlich auch untereinander.

miteinander teilen und vieles andere mehr. Auch wenn bei Freundschaften unter Jungen mehr das gemeinsame Aktivsein im Vordergrund steht als das gemeinsame Gespräch, bilden gleichwohl nicht nur weibliche, sondern auch männliche Freundschaften die Möglichkeit, gefahrlos aus sich herauszugehen und im eigenen inneren Erleben Anregungen, aber auch Korrektur und damit Entwicklung zu erleben. Aufgrund der massiven Verplanung der Zeit, ja sogar Freizeit von Kindern und Jugendlichen werden jedoch langjährige, schon im Schulalter geschlossene Freundschaften eher selten.

Die Folge: Im Erwachsenenalter muss häufig die Partnerschaft sämtliche Bedürfnisse nach Nähe, Geborgenheit, gegenseitigem Verständnis etc. erfüllen, da wenig sonstige Beziehungspartner im näheren Umkreis vorhanden sind. Hält die Zweierbeziehung diesem Druck der Anforderungen und emotionalen Erwartungen nicht mehr stand, so entwickelt sich bei einem oder beiden Partnern eine wachsende Frustration. Aus einem Miteinander- wird schleichend ein Nebeneinander-Leben, oft nur noch oder vorwiegend durch äußere Bedürfnisse oder Zwänge (Lebensstandard, gemeinsames Unternehmen, gemeinsamer Besitz usw.) zusammengehalten. Ein lebendiger geistiger und emotionaler Austausch findet, wenn überhaupt, dann nur noch in negativer Form statt – es kommt zu gegenseitigen Vorwürfen, Auseinandersetzungen und unter Umständen tagelangem beleidigtem Schweigen, was einer emotionalen Erpressung des Partners durch Liebesentzug gleichkommt.

8. Sprache und Körpersprache

*»Die Grenzen deiner Sprache
sind die Grenzen deiner Welt.«*

LUDWIG WITTGENSTEIN

Sprache ist nicht alles ...

Nichts ist alltäglicher als eine Unterhaltung – und nichts ist anspruchsvoller als ein gutes Gespräch. Sprache ist *das* zentrale Verständigungsmedium zwischen Menschen. Kinder lernen nach der Geburt zunächst jedoch, die *Körpersprache* ihrer Bezugspersonen genau zu beobachten und zu entschlüsseln, denn ein Säugling möchte vom ersten Lebenstag an *Verbundenheit* erleben. Dies setzt voraus, dass es wenigstens einen Menschen gibt, dem er vertrauen, bei dem er Geborgenheit und Angenommensein sowie emotionale Resonanz erlebt. Um diese Verbundenheit zu erleben und einzuüben steht dem Baby mangels ausgereiften Sprechwerkzeugen und mangels entsprechend vorhandener kognitiver Strukturen im Gehirn zunächst nur das Senden und Empfangen von Körpersprache zur Verfügung. Das Kind reagiert hochsensibel auf Blicke, Lächeln, Mimik, Stimme (Melodie, Lautstärke, Betonung usw.), Gesten und vor allem Berührungen – und sendet natürlich selbst ununterbrochen Signale aus. Und auch wenn neugeborene Mädchen im Durchschnitt länger Blickkontakt halten als Jungen, so ist doch auch für neugeborene Jungen die Erfahrung von Geborgenheit und Angenommensein, die durch Körpersprache vermittelt wird, fundamental wichtig.

Sobald wir Menschen allerdings in der Lage sind, *verbale Sprache* zu äußern und zu verstehen, tritt die Körpersprache in den Hintergrund. Das menschliche Bewusstsein kann sich pro Zeiteinheit immer nur auf eine Sache konzentrieren – das gilt für Männer und

Frauen gleichermaßen[50] –, und so bevorzugen wir es automatisch, uns auf die gesprochene Sprache zu konzentrieren. Schließlich müssen wir unsere »Muttersprache« mühsam lernen, schließlich wendet sich auch die Aufmerksamkeit der Erwachsenen unablässig dieser Sprache zu, indem sie beispielsweise die grammatikalischen und sonstigen Fehler, die wir machen, beharrlich korrigieren: »Das heißt nicht ›der Auto‹, sondern ›das Auto‹!« Selten wird hingegen unsere Körpersprache kommentiert oder gar korrigiert.

Dennoch wird die nonverbale Kommunikation von uns allen weiterhin ununterbrochen eingesetzt und aufmerksam wahrgenommen – doch *nicht bewusst, sondern unbewusst.* Und natürlich können wir auch als Erwachsene sehr vieles mit Körpersprache ausdrücken – eine stumme Umarmung, ein freundliches oder versöhnliches Lächeln, eine zärtliche Stimme, eine liebevolle Berührung: All dies sind Signale, auf die jeder Mensch in irgendeiner Weise reagiert. Und doch: Körpersprache kann Sprache nicht ersetzen. Wer schon einmal einen Menschen besucht hat, der wegen eines Schlaganfalls sprachunfähig ist, weiß, wie quälend es für beide Seiten ist, sich nicht über Worte verständigen zu können. Zu beschränkt ist unser Repertoire an Gesten, Blicken und Gesichtsausdrücken, um die Komplexität und Reichhaltigkeit unseres Denkens, Fühlens und Wollens angemessen abbilden zu können. Und auch wenn es manchmal heißt: »Ein Blick sagt mehr als tausend Worte«, so kann dies doch nicht darüber hinwegtäuschen oder -trösten, dass eben leider oft überhaupt nicht klar erkennbar ist, was denn mit diesem Blick eigentlich gesagt werden soll!

Wenn es um differenziertere Gedanken und Gefühle geht, wie sie in jeder tieferen Beziehung eine Rolle spielen, ist Sprache eben unersetzlich. Dies ist der Grund, weshalb ich in diesem Buch mit

---

[50] Zu der Bemerkung, Frauen könnten vieles gleichzeitig tun: Das gilt nur für hochautomatisierte Tätigkeiten, z.B. Bügeln und Telefonieren, Abwaschen und Sich Unterhalten – es gilt nicht für Tätigkeiten, die intensive Konzentration erfordern. Was Frauen jedoch sehr gut beherrschen, ist der schnelle Wechsel ihrer Aufmerksamkeit von einem Objekt zum anderen, sprich: das Hin- und Herspringen, wodurch der Eindruck der Gleichzeitigkeit entstehen kann.

allem Nachdruck dafür plädiere, das Gespräch nicht zu vernachlässigen, sondern es im Gegenteil zu üben, zu üben und nochmals zu üben.

»Der Ton macht die Musik« – die Verbindung von Sprache und Körpersprache

Wie immer wir mit einem Menschen kommunizieren – ob oberflächlich oder sehr persönlich – und auch *was* immer wir mit ihm besprechen: Auf irgendeine Weise geben wir uns gegenseitig Beziehungssignale – und dies geschieht in jedem Fall mittels Körpersprache. Man kann vereinfacht sagen: Über die Sprache teilen wir primär die *Sache* mit, um die es geht – über die Körpersprache teilen wir die *Emotionen* mit, die wir haben: entweder in Bezug auf uns selbst oder in Bezug auf unser Gegenüber. Wir »färben« sozusagen unsere Worte mit der Körpersprache emotional ein.

Dazu ein Beispiel: Die Moderatorin Sandra Maischberger versucht in ihren Interviews, durch eine sehr expressive Körpersprache – Stimme, Blicke, Mimik und vor allem sehr viele ausholende Gesten und Handbewegungen – auch eine emotionale Beziehung zu ihren Gesprächspartnern aufzubauen, sie sozusagen aus der emotionalen Reserve zu locken, die man bei einer Begegnung mit einem fremden Menschen, dazu noch vor laufenden Kameras, normalerweise empfindet. Im Mai 2008 war der fast 90-jährige Politiker Helmut Schmidt bei ihr zu Gast, den sie sehr gut kannte, weil sie einen Film über ihn gedreht hatte. Dennoch zeichnete sich Helmut Schmidt durch eine extrem zurückhaltende, gefühlsarme und Distanz wahrende Form der Kommunikation aus: Er sprach sehr sachlich und wohlüberlegt, sah dabei sein Gegenüber selten an, verzog kaum eine Miene, lächelte äußerst selten und hatte eine nachdrückliche, aber auch emotionslose Sprechweise. Es war interessant zu beobachten, wie dieser Kommunikationsstil im Lauf der Sendung immer mehr auf Sandra Maischberger abfärbte – ihre Handbewegungen wurden sparsamer, ihre Sprechweise sachlicher, ja, sogar die Sprachmelodie passte sich derjenigen von Helmut Schmidt an. Das heißt, dass sie seine Beziehungsbotschaft: »Kommen Sie mir persönlich bitte nicht zu nahe!« perfekt verstanden hatte und ihre eigene Tendenz zur Emotionalität abschwächte.

Was hier zu beobachten war, findet bei uns allen statt: Wir reagieren unbewusst – selten bewusst – *immer* auf die körpersprachlichen Signale, die unsere verbale Kommunikation begleiten. Wir achten darauf, welche Botschaft über sich – oder über sein Verhältnis zu uns – jemand mit seinen Blicken, seinem Gesichtsausdruck, seiner Stimme (sie ist extrem aussagekräftig, denn die Stimme transportiert Stimmung und Verstimmtheit!), seiner Haltung und seinen Gesten vermittelt. Schaut er mir, während er spricht, tief in die Augen, oder weicht er meinem Blick aus? Wandern die Augen meines Gegenübers unruhig umher, wenn ich spreche, werden die Augenbrauen hochgezogen? Umspielt seine Lippen ein freundliches, ein bitteres oder ein spöttisches Lächeln? Runzelt er die Stirn, zuckt er mit den Schultern, oder zeigt er mir gar die »kalte Schulter«? Spricht er laut oder leise, wie betont er die Worte, wie ist die Stimme? Wie viel Abstand nimmt er – falls wir stehen – beim Gespräch zu mir ein, wann – falls wir sitzen – beugt er sich vor, wann lehnt er sich zurück? Was macht er mit seinen Händen?

Das alles nehmen wir, während wir sprechen oder zuhören, unterschwellig *präzise wahr* und interpretieren es blitzschnell, doch ohne uns über Wahrnehmung und Interpretation Rechenschaft zu geben. Zumindest ist dies die Regel. Oft klappt dieses zweigleisige Kommunizieren reibungslos, oft entstehen aus dieser Unbewusstheit im körpersprachlichen Bereich jedoch eine Menge an kommunikativen Problemen, auf die wir später eingehen werden.

Grundsätzlich gilt jedoch: Frauen schenken den körpersprachlichen Signalen anderer Menschen mehr Beachtung als Männer – und sind selbst im Senden solcher Signale oft äußerst virtuos. Dies zeigt, dass sie generell der Beziehungsebene mehr Gewicht geben und ihr dementsprechend auch mehr Aufmerksamkeit schenken. Das macht ihre Gespräche vielschichtiger und facettenreicher, aber auch bisweilen komplizierter und störungsanfälliger!

9. Sexualität – Sprache ohne Worte?

An dieser Stelle sei ein in vielen Partnerschaften auftretender gravierender Unterschied im Empfinden und Erleben von Mann und Frau kurz erwähnt: Wenn eine Frau sich mit ihrem Partner streitet oder eine emotionale Disharmonie bzw. Distanz zwischen sich und ihm empfindet, so hat sie das dringende Bedürfnis, *erst* dieses Problem zu klären – und *dann* eventuell sexuell intim zu werden. Mit anderen Worten: Der körperlichen Nähe und Harmonie sollte die wiederhergestellte geistig-seelische Nähe und Harmonie *vorausgehen*. Es gibt jedoch viele Männer – ob es die Mehrheit ist, kann ich nicht beurteilen –, die ganz anders denken oder fühlen: Für sie *ist* die sexuelle Vereinigung ein Mittel, *um* wieder Nähe und Harmonie herzustellen. Um sozusagen die emotionale Kluft zu überbrücken, um den Riss zu kitten – zumindest vorübergehend. Und selbst wenn dem nicht so ist, so können zahlreiche Männer die körperliche Vereinigung auch dann genießen, wenn die seelische Nähe vonseiten der Partnerin aus irgendeinem Grund nicht intensiv spürbar ist. Man kann wohl sagen: Viele Männer können zwischen geistig-seelischer und körperlicher Nähe leicht trennen, während es für Frauen schwierig ist, beides *nicht* in unmittelbarer Verbindung miteinander zu sehen und zu erleben. Wenn also eine Frau und ein Mann eine Meinungsverschiedenheit haben, und am Ende des Tages möchte der Mann mit seiner Frau schlafen, so empfindet die Frau dies als Zumutung, da für sie die Voraussetzungen dafür in diesem Moment überhaupt nicht gegeben sind. Häufig reagiert sie deshalb mit Unlust, Unmut und Ablehnung.

Der Mann wiederum kann nicht begreifen, weshalb die Frau diese beiden Dinge (hier Streit – dort Sex) nicht strikt auseinanderhalten kann bzw. wieso sie deswegen auf Sexualität verzichten möchte. Wenigstens dieser Genuss bzw. diese Art der Kommunikation sollte doch noch möglich sein …! Dementsprechend empfindet er den Rückzug seiner Frau als eine Art Bestrafung oder

Erpressung – sozusagen ein »körperlicher Liebesentzug«, der ihn seinerseits demütigt und frustriert. Auf diese Weise kommt zur ersten Verletzung, die am Anfang stand, die nächste Verletzung – der Graben wird immer tiefer.

Was hier in wenigen Sätzen von mir skizziert wurde, ist in Wirklichkeit ein wortloser Kampf, der sich in vielen Partnerschaften abspielt – man kann auch sagen: eine stille Tragödie. Beide Partner sind nicht zufrieden – doch keiner spricht offen darüber. Ja, mehr noch: Beide sind verletzt, doch keiner macht den Versuch, der Verletzung auf den Grund zu gehen. Was aber sind die Gründe, weshalb Mann und Frau sich gleichermaßen weder verstanden noch respektiert fühlen? Zwei Ursachen sehe ich:

Zum einen wissen Mann und Frau zu wenig über die Verschiedenheit der Geschlechter gerade im sexuellen Erleben.

Es ist einfach wahr: Wir können nicht in die Haut des anderen schlüpfen. Männer sagen bisweilen kopfschüttelnd, dass Frauen ihnen immer ein Rätsel bleiben würden (was ja auch ihren Reiz ausmacht), und auch Frauen merken trotz aller Empathiefähigkeit an vielen Stellen, dass sie ihre Männer nie bis ins Letzte verstehen können. Doch gerade in einem so »unter die Haut« gehenden Bereich wie der Sexualität ist die Unterschiedlichkeit im Erleben und Empfinden besonders folgenreich. Beide Geschlechter sollten sich darüber im Klaren sein: Wir können nicht von uns auf den anderen schließen. Meine Wünsche sind nicht die Wünsche des anderen, und meine Bedürfnisse sind nicht seine bzw. ihre Bedürfnisse. Die Partner können ohne offenes Gespräch nicht erfahren, was der andere braucht und empfindet, um sich in der sexuellen Begegnung wohlzufühlen.

Prinzipiell gilt:

Eine Frau *muss* respektieren, dass die Mehrzahl der Männer körperliche und seelische Bedürfnisse leichter trennen kann, ohne dass dies mit einer grundsätzlichen Abwertung der Frau verbunden ist. Männer haben nicht das Gefühl, eine Frau »zu benutzen«, nur weil sie keine Lust auf lange Gespräche, wohl aber Lust auf Sexualität mit ihr haben.

Ein Mann wiederum *muss* akzeptieren, dass eine Frau sich sehr leicht benutzt *fühlt*, wenn der Mann mehr Interesse an ihrem Körper als an ihrem Geist und ihrer Seele zeigt. Sie empfindet dies als Missachtung ihrer Persönlichkeit und kann sich an dem sexuellen Interesse des Partners nicht mehr uneingeschränkt freuen. Der Mann sollte deshalb dieses Bedürfnis, das auch das Bedürfnis nach Zuhören und Zärtlichkeit mit einschließt, ernst nehmen, wenn er seinerseits erwartet, dass die Frau seine Bedürfnisse ernst nimmt.

Hier komm jedoch ein weiteres Problem ins Spiel: Mann und Frau tun sich schwer damit, die so ganz anderen Bedürfnisse und Empfindungen des Partners als gleichwertig anzuerkennen. Stattdessen neigen vor allem Frauen häufig dazu, das stärkere sexuelle Interesse ihres Partners zu missachten, es geradezu als »lästig« zu empfinden – was es durchaus auch sein kann, wenn man selbst gerade keine Lust hat, schlichtweg zu müde ist oder Angst vor Begleit- und Folgeerscheinungen der Sexualität hat (um nur einige weibliche Ablehnungsgründe zu nennen). Doch ist es andererseits für Männer nicht nur körperlich belastend, wenn sie ständig unter einer Art sexueller Hungerkur leiden. Sie empfinden darüber hinaus die Zurückweisung ihrer Partnerinnen als verletzend, weil das ihre Bedürfnisse *und* ihre Identität als (potenter) Mann infrage stellt. Das Gleiche gilt übrigens, wenn der Mann die sexuellen Bedürfnisse seiner Frau missachtet oder gar ignoriert und ihr damit das Gefühl nimmt, auch körperlich als Frau geliebt und begehrt zu werden. Auch dies wird von der Frau als Zurückweisung und damit als tiefe Verletzung empfunden.

Sowohl Männer als auch Frauen reagieren auf eine solche Missachtung nicht selten damit, dass sie ihr angeschlagenes Selbstwertgefühl durch sexuelle Bestätigung von dritter Seite zu »heilen« versuchen,– sprich: heimlich fremdgehen. Hier steht häufig nicht nur die sexuelle Befriedigung, sondern vielleicht mehr noch die sexuelle Bestätigung im Mittelpunkt, die man vom eigenen Partner nicht mehr oder in viel zu geringem Maß bekommt. Wenn der betrogene Partner von der Untreue erfährt, bricht für ihn häufig eine Welt zusammen. Doch schon manches Mal musste ich an dieser Stelle an

Klienten und Klientinnen, die genau aus diesem Grund bei mir waren, die kritische Frage richten: »Was haben Sie sich denn dabei gedacht, als sie sich sexuell von Ihrem Partner zurückzogen? Dass er sich von Ihnen einfach so ›auf Diät‹ setzen lässt nach dem Motto: ›Wenn ich keinen Hunger habe, musst du auch keinen haben!?‹ Dass er Ihre Verweigerung stillschweigend hinnimmt und sich klaglos in sein Schicksal fügt? Dass er sie wie ein armer Sünder bittet, ihm doch gnädig zu sein und ihm mehr Intimität zu schenken?« Meist schweigen die Gefragen dann verblüfft, und ich merke, dass sie sich über die Konsequenzen ihres »Entzugs« nie wirklich Gedanken gemacht, ja, dass sie schon gar nicht damit gerechnet haben, ihr Partner könnte sich auch anderweitig mit Sexualität »versorgen«.

Ich will an dieser Stelle auf gar keinen Fall Untreue, Ehebruch und Seitensprünge rechtfertigen. Ich will lediglich klarmachen, dass es zum Sinn einer Ehe gehört, nicht nur eine geistige und seelische, sondern auch eine körperliche Gemeinschaft zu pflegen. Dazu gehören Zärtlichkeit und „Kuscheln", dazu gehört aber – natürlich nur, sofern es beiden Beteiligten auch körperlich möglich ist – ebenso Sexualität (übrigens ohne Altersbegrenzung nach oben). Wer diese Gemeinschaft verweigert, mag seine Gründe haben – aber es muss darüber gesprochen werden, um den anderen nicht unnötig zu verletzen und um zu dieser Gemeinschaft gegebenenfalls wieder zurückzufinden. Andernfalls wird die Ehe in ihrem innersten Kern beschädigt.

Dabei ist zu beachten, dass das Gespräch *von beiden* gewünscht und initiiert sein sollte. Hier kann nicht einer dem anderen den Schwarzen Peter zuschieben nach der Devise: »Frag mich doch bitte, warum ich mich so verhalte! Du bist daran schuld!«

Auf solche Gespräche hat kein Mensch Lust. Vor allem Männer neigen dazu, auf die Frustration, immer wieder sexuell zurückgewiesen zu werden, gegenüber der Frau nicht mit erhöhter Gesprächsbereitschaft, sondern mit noch mehr Rückzug und Sprachlosigkeit zu reagieren – was die Frau natürlich noch mehr enttäuscht.

Wie aber sollen sich nun Mann und Frau mit ihrer Unterschiedlichkeit im praktischen Zusammenleben »arrangieren«?

Erstens: Zurückweisungen sollten nicht die Regel, sondern die Ausnahme sein, und sie sollten ehrlich begründet werden – aber nicht mit Vorwürfen verbunden sein.

Zweitens: Gespräche über die beidseitigen Bedürfnisse sind immer wieder nötig. Jeder sollte dabei von sich sprechen und das, was der andere mitteilt, auf gar keinen Fall bewerten oder kritisieren. Je mehr Verständnis, desto weniger Verletzungsgefahr.

Drittens: Ziel des Geschlechtsverkehrs muss nicht immer ein beidseitiger Orgasmus sein. Ziel kann auch sein, dem anderen Liebe zu erweisen, ihm auf einer anderen als der sprachlichen Ebene zu begegnen und mit ihm Verbundenheit zu erleben. Eine Frau erniedrigt sich nicht, wenn sie sich ihrem Mann hingibt.

Viertens: Keiner sollte immer nur der Nehmende, keiner immer nur der Gebende oder Nachgebende sein. Sowohl die Frau als auch der Mann müssen lernen, dem anderen entgegenzukommen, ohne dass dies einer Verleugnung der eigenen Natur oder der eigenen Bedürfnisse gleichkommt. Denn wer sich respektiert fühlt, fühlt sich auch angenommen. Wer sich angenommen fühlt, fühlt sich auch geliebt. Wer sich geliebt fühlt, kann sich auch verschenken.

10. Gesprächserfahrungen von Frauen mit Männern

»Der Klügere gibt nach!‹ – Eine traurige Wahrheit; sie begründet die Weltherrschaft der Dummheit.« MARIE VON EBNER-ESCHENBACH

▶ **Schwerhörigkeit oder Taubheit auf dem Beziehungsohr**
Eine Frau sagt zu ihrem Mann: »Ach, mir ist es heute gar nicht gut, ich habe dauernd so Schwindelgefühle und leichte Übelkeit ...!« – Mann: »Dann geh doch zum Arzt!« – Frau: »Mein Gott, auf die Idee komme ich auch selber!« – Mann: »Ja, was soll ich denn sonst sagen?«

Jede Frau würde an dieser Stelle vermutlich spontan die Antwort wissen: Die Frau will keinen Ratschlag hören, sondern sie will Anteilnahme, Einfühlung und Interesse vonseiten des Partners spüren. Sie wäre höchst zufrieden, wenn er sagen würde: »Na, so etwas. Vielleicht macht dir das Wetter zu schaffen? Oder du hast zurzeit einfach ein bisschen viel am Hals? Komm, lass dich mal in den Arm nehmen, wenn dir dann schwindlig wird, macht das gar nichts aus!« – Auf eine solche Antwort kommen Frauen sehr wohl, Männer nicht unbedingt. Sie sehen stattdessen in einem Gespräch in erster Linie einen Informationsaustausch auf der Sachebene: »Worum geht's? Welchen Sachverhalt teilt mir der andere mit? Welches Problem erkenne ich, und welche Lösung habe ich dafür parat?« Mit dieser Fokussierung bzw. Reduzierung der Kommunikation auf die Sachebene blenden die Männer all die Beziehungssignale aus, die in jeder Mitteilung eines anderen Menschen natürlich ebenfalls enthalten sind – vor allem wenn es sich bei diesem Menschen um eine Frau handelt.[51] Die Konzentration auf die Sachebene hat den Vor-

---

[51] Wenn der Mann allerdings selbst auf der Suche nach einer Beziehungspartnerin ist, achtet er sehr wohl auf ihre körpersprachlichen Signale – sozusagen in der Werbungs- und Eroberungsphase.

teil, dass alles, was auf der Beziehungsebene beunruhigen oder irritieren könnte, konsequent ignoriert werden kann – z.b. latente Kritik oder Infragestellung. Im Beruf kann diese »Ignoranz« äußerst hilfreich sein, weil auf diese Weise eine gewisse Unempfindlichkeit gegenüber unterschwelligen Beziehungsbotschaften gewährleistet ist. Eine solche »Dickfelligkeit« bildet im Umgang mit Vorgesetzten, Mitarbeitern, Klienten oder Kunden unter Umständen einen hilfreichen Panzer gegen Provokationen, Verunsicherungen und Verletzungen.

Doch diesen Vorteilen im Arbeitsleben stehen gravierende Nachteile im Privatleben entgegen. Eine zu ausgeprägte »Schwerhörigkeit« auf dem Beziehungsohr ist häufig der Grund, weshalb sich bei Partnerinnen zunehmende Frustration bis hin zur Resignation ansammelt – was nur allzu oft in Trennung endet. Viele Frauen, die sich trennen, sind der Überzeugung, dem Partner wiederholt mehr als deutlich signalisiert zu haben, dass sie in der Beziehung mit ihm unzufrieden sind. Ja, viele äußerten auch mit Nachdruck ihren Gesprächsbedarf. Der Partner jedoch aktivierte, sobald diese Signale kamen, sozusagen seine eingebauten emotionalen »Ohrenschützer«, sodass die von ihr abgefeuerten Warnschüsse bei ihm nur als leichte Klopfgeräusche ankamen, die man getrost überhören konnte. Auf diese Weise wahrte der Mann sein emotionales Gleichgewicht – doch dies ging eindeutig auf Kosten der Frau bzw. der Beziehung.

Es müsste deshalb ein Anliegen von Männern sein, in ihren privaten Kontakten, es sei zu Partnern, Kindern, Freunden, auch auf der Beziehungsebene aufgeschlossen und hellhöriger zu werden.

▶ **Abwerten der Beziehungsbotschaft**
Viele Männer neigen dazu, die emotionalen Signale und Botschaften ihrer Partnerinnen auch auf andere Weise abzuwehren. Dies tun sie beispielsweise, indem sie der Frau vorwerfen, *unsachlich* zu sein. Damit maßen sie sich eine Zensur darüber an, was als »sachlich« zu gelten hat und was nicht. Letzten Endes versuchen Männer auf diese Weise oft, alles Gefühlsbezogene als eine minderwertige Form des Denkens abzuwerten – als ob Emotionen nicht ebenso

ernst zu nehmen wären wie rationale Gedanken! Dadurch ist ein Machtkampf vorprogrammiert: »Er« versucht die Frau zu seinem sachorientierten Kommunikationsstil zu zwingen, »sie« versucht, ihn zu ihrem mehr emotions- oder beziehungsorientierten Kommunikationsstil zu drängen. Jeder wertet dabei implizit den Stil des anderen ab, was natürlich nur Widerstand und Frustration hervorruft. Wenn die Frau auf die Abwehr des Mannes mit stärkeren Emotionen reagiert, indem sie z.B. wütend wird, kommentiert dieser ihren Gefühlsausbruch womöglich mit den Worten: »Werd doch nicht gleich hysterisch!« Oder er wirft ihr vor: »Meine Güte, mit dir kann man aber auch kein vernünftiges Gespräch führen!« Auch hier übt er wieder eine Zensur aus – erstens versucht er, die Gefühle der Frau abzuwerten und zu unterdrücken, zweitens »bestraft« er ihre Emotionalität mit Verachtung, anstatt sie ernst zu nehmen.

▶ **Flucht ins Schweigen**
Eine der deprimierendsten Erfahrungen, die Frauen im Gespräch mit Männern machen, ist deren Neigung, angesichts heikler oder sehr persönlicher Themen die Flucht ins Schweigen anzutreten. Helmut Schmidt war im Interview mit Sandra Maischberger immerhin so fair, bei bestimmten Fragen klipp und klar zu antworten: »Darüber möchte ich nicht sprechen« oder: »Das ist mir zu persönlich, dazu möchte ich nichts sagen.« Diese Antworten waren in dieser Art von Kommunikation sein gutes Recht, und sie wusste, woran sie war. In vielen Beziehungen kommt es jedoch nicht einmal zu solch deutlichen Worten, sondern der Mann lässt die Frau mit ihrem Versuch, das Gespräch auf ein für sie wichtiges Beziehungsthema zu bringen, einfach ins Leere laufen, indem er nur einsilbig oder gar nicht antwortet. Dieses dumpfe oder demonstrative Schweigen – ist es eine bewusste Verweigerung, weil der Mann alles scheut, was ihn infrage stellen oder verunsichern könnte? Oder ist es vielmehr Ausdruck einer großen Rat- und Hilflosigkeit, die den Mann angesichts der angeschnittenen Themen überkommt?

Es wäre für die Frau eine Hilfe, wenn ihr Gegenüber ihr wenigstens verdeutlichen könnte, was der *Grund* seines Schweigens ist.

Doch die Vermutung liegt nahe, dass dem Mann dies selbst häufig nicht klar ist. Es ist, als ob ihn angesichts des Anspruchs der Frau, endlich einmal über sich selbst, über das, was sie beide bewegt, trennt oder zusammenhält, verbindet oder abstößt, offen zu reden, eine Art Panik oder Lähmung überkommt. Ihm fehlen die Worte. Möglicherweise schlägt ihm das Herz bis zum Hals – doch er bekommt keinen klaren Satz heraus.

Das wäre zwar schmerzlich, aber nicht so schmerzlich, wie wenn das Schweigen *absichtlich* eingesetzt würde, um den Partner mit seinem Anliegen auszubremsen, sprich: abzuwehren. Ebenso verwerflich ist es, wenn der Partner schweigt, um sich um beschämende Eingeständnisse oder für ihn unbequeme Antworten drücken zu können. Ein solches Verhalten ist schlichtweg als feige zu bezeichnen, weil damit der Wahrheit samt ihren Konsequenzen aus dem Weg gegangen wird – eine Art Vogel-Strauß-Politik, die sich über kurz oder lang rächt. Sie wird allerdings keineswegs nur von Männern praktiziert.[52]

»Wer fragt, verdient Antwort« heißt es in einem Gedicht von Bertolt Brecht, und ich kann ihm, was eine Partnerschaft anbelangt, nur recht geben – und wenn die Antwort auch lautet: »Ich kann dir auf diese Frage im Moment keine Antwort geben, weil ich die Antwort selbst noch nicht weiß und sie erst herausfinden muss.«

Meines Erachtens sollte Schweigen als Form der Kommunikationsverweigerung oder des Kommunikationsabbruchs in einer Partnerschaft keinen Platz haben, weil es von dem, der kommunizieren *möchte*, immer als demütigend und verletzend empfunden wird. Wenigstens sollte der Mann sich darum bemühen, sein Schweigen zu erklären, sodass es für die Frau nachvollziehbar ist. Außerdem sollte er deutlich machen, dass er sich zwar im Moment überfordert oder außerstande fühlt, das Gespräch weiterzuführen, dass er es aber zu einem anderen Zeitpunkt fortführen will, weil er das Anliegen der Frau nicht einfach ignorieren möchte.

---

[52] Leider setzen Frauen, davon abgesehen, demonstratives Schweigen ihrerseits oft als Form des Liebesentzugs ein, was m.E. ein sehr unfaires, um nicht zu sagen unreifes Mittel ist, um Macht über den anderen auszuüben.

Wenn der Mann auf eine Erklärung *verzichtet*, so besteht die Gefahr, dass die Frau sein Schweigen, sofern es nicht am Anfang, sondern am *Ende* einer längeren Diskussion steht, auch noch fehlinterpretiert, indem sie es als Zeichen seiner Zustimmung bewertet (»Endlich hat er eingesehen, dass ich recht habe!«). Dies ist in vielen Fällen ein Trugschluss. Häufig stellt sich bei dem Mann nach längerer Diskussion schlicht und einfach eine starke Erschöpfung ein – er schweigt nicht, weil er der Frau recht gibt, sondern weil er das Gespräch beenden möchte. Doch dann sollte er genau dies auch deutlich machen – mit dem Vorschlag, das Thema zu einem anderen Zeitpunkt wieder aufzugreifen.

▶ **Fehlende Bereitschaft zur Selbsterforschung**
Jede engere Verbindung zwischen Menschen, vor allem zwischen Mann und Frau, bringt es mit sich, dass man auf Verhaltensweisen, Reaktionen oder Angewohnheiten des Gegenübers stößt, die man nicht versteht. Sie wirken eigenartig, unvernünftig, unlogisch, nicht nachvollziehbar und lösen bei uns Befremden aus. Wir sind ein solches Handeln nicht gewöhnt und können uns auch, so sehr wir uns darum bemühen, keinen Reim darauf machen. Also liegt es nahe, die schlichte Frage zu stellen: »Warum machst du das so?«

Ein Beispiel: Als ich nach meiner Heirat zu meinem Mann gezogen war, betrat er eines Tages ohne anzuklopfen mein Arbeitszimmer. Entrüstet fauchte ich ihn an: »Klopf gefälligst an!« Mein Mann schaute mich entgeistert an und fragte: »Warum soll ich denn hier zu Hause anklopfen, wir sind doch nicht im Büro!« Nun hätte ich natürlich brüsk antworten können: »Weil ich es so will!«, aber damit wäre ich der Frage im Grunde ausgewichen. Ich überlegte, warum mich sein Verhalten geärgert hatte – und kam zu einer Erklärung, die er beim besten Willen nicht hätte herausfinden können.[53]

Als ich ihm des Rätsels Lösung mitteilte, konnte er meine Sensibilität in diesem Punkt nachvollziehen – und ich wurde mir darüber

---

[53] Ein mir nahestehendes Familienmitglied hatte in meiner Jugend oft ohne anzuklopfen mein Zimmer betreten, was mich sehr geärgert hatte, ohne dass ich es verhindern oder unterbinden konnte.

klar, wie unangebracht es war, diese Empfindlichkeit in meine Ehe hineinzutragen. Seither ist das Thema »Anklopfen« kein Thema mehr.

Natürlich ist die Erklärung für das eigene Denken, Fühlen und Reagieren nicht immer so leicht zu finden, doch meines Erachtens schulden es sich zwei Partner gegenseitig, auf die Warum-Frage des anderen eine Antwort zu geben – und sei es auch um den Preis einer längeren Selbsterforschung. Nur so gibt man dem Gegenüber die Möglichkeit, Beobachtetes richtig zu interpretieren und den Partner in seinem So-Sein zu verstehen und zu respektieren. Männer tun sich aus den schon angeführten Gründen mit dieser Selbsterforschung sicher häufig schwerer als Frauen, dennoch sollten sie sich auf die Herausforderung einlassen.

Allerdings hat auch das Warum-Fragen eine Grenze, und zwar, wenn der Gefragte das Gefühl hat, er müsse sich für sein Handeln *rechtfertigen*. »Tut mir leid, dass ich vergessen habe, dich anzurufen!«, sagt der Mann zu seiner Frau. »Warum hast du das vergessen?«, fragt sie zurück. Diese Frage halte ich für überflüssig, sie wirkt wie eine versteckte Anklage. Meine Güte – man wüsste ja selbst oft gerne, warum man etwas vergisst. Auch wenn es um Fragen der Wahrnehmung oder des Geschmacks geht, sind Warum-Fragen leicht realitätsfremd. »Warum gefällt dir diese Musik nicht?« – »Warum findest du diesen Film langweilig?« – »Warum magst du gelbe Kleider nicht?« – »Warum schmeckt dir ausgerechnet Rindsroulade so gut?« – So könnte man unendlich fortfahren, für alles eine schlüssige Begründung zu verlangen. Mein Vater pflegte auf ihm lästige Kinderfragen gerne mit der Gegenfrage zu antworten: »Warum ist die Banane krumm?«[54] Ich neige heute eher dazu, in Fragen des Geschmacks oder des Gefühls auf die Frage »Warum?« mit der Gegenfrage zu kontern: »Warum nicht?« Dann steht nämlich der Fragesteller unter Begründungszwang – und

---

[54] Diese Frage galt in meiner Kindheit offenbar als unbeantwortbar – inzwischen weiß man natürlich ganz genau, warum Bananen sich im Lauf ihres Reifungsprozesses krümmen.

nicht ich. Es gibt eben auch, wie schon zitiert, Gründe, die wir mit unserem Intellekt nicht bis ins Letzte ausloten können. Gerade Frauen müssen dies nicht nur sich, sondern auch ihren Partnern zugestehen – auch wenn ihre Männer meinen, sehr vom Intellekt bestimmt zu sein ...

11. Gesprächserfahrungen von Männern mit Frauen

»Der beste Freund wird wahrscheinlich die beste Gattin bekommen, weil die gute Ehe auf dem Talent zur Freundschaft beruht.« FRIEDRICH NIETZSCHE

Auch Männer machen eine Menge bereichernder, aber auch schwieriger Gesprächserfahrungen mit Frauen.

▶ **Überstrapazierung der Beziehungsebene**
Ein geradezu schon klassisches Beispiel aus der Kommunikationspsychologie lautet: Ein Mann fragt seine Frau: »Was ist denn das Grüne, das da auf der Suppe schwimmt?« – Die auf diese Frage naheliegendste Antwort würde lauten: »Das ist Petersilie ...« (oder Schnittlauch oder was auch immer). Mit dieser Auskunft würde die Frau auf der Sachebene bleiben. Die wenigsten Frauen schaffen dies jedoch, sondern sie neigen sofort dazu, die Frage auf dem Beziehungsohr »abzuklopfen« und entsprechend nachzufragen: »Wieso fragst du? Schmeckt dir das Grüne nicht?«, womit sie den Mann in Erklärungszwänge bringen (»Ich frage, weil ...«).

Noch gefährlicher ist es, wenn »sie« denkt, sich diese Frage sparen zu können, weil sie die »Beziehungsbotschaft« klar zu erkennen meint und beispielsweise gereizt antwortet: »Du brauchst die Suppe ja nicht zu essen, wenn sie dir nicht schmeckt.« – Oder: »Dann koch doch selber, wenn du nie zufrieden bist!«

In diesem Fall macht sie den Fehler, eher weibliche Kommunikationsmuster auf den Partner zu übertragen und diesem eine Form der indirekten Kommunikation zu unterstellen, die für Frauen durchaus naheliegt, für Männer jedoch untypisch ist. Nun wird die Unterhaltung für den Mann richtig anstrengend, denn er muss sich gegen Unterstellungen wehren. Wenn er beispielsweise auf die

Frage: »Wieso fragst du?« antwortet: »Es hat mich halt interessiert« und sie sofort weiterbohrt: »Aber *warum* hat es dich interessiert? Gib doch zu, dass es dir nicht schmeckt!«, so wird er mit einem Seufzer sagen: »Doch, doch, es schmeckt mir!« und inständig hoffen, dass sie diese Äußerung nicht auch noch kritisch analysiert.

Mit anderen Worten: Es ist meist ein vergebliches – und überflüssiges – Unterfangen, Männern das Geständnis einer »versteckten Beziehungsbotschaft« entlocken zu wollen – denn sie ist in aller Regel nicht enthalten. Dies dem Mann nicht zu glauben, zeugt von mangelnder weiblicher Einfühlung. Fragt eine Frau beispielsweise einen Mann beim Einkauf: »Findest du, das Kleid steht mir?«, und er antwortet mit einem schlichten »Ja, sehr!«, dann sollte sie sich nicht überlegen, welche tiefer liegenden Interessen oder Aussagen sich hinter diesen Worten noch verbergen könnten (»Will er nur seine Ruhe haben? Möchte er mich nicht verärgern? Will er möglichst schnell wieder nach Hause fahren?«).

Gnadenlos deutlich hat Loriot diese weibliche Neigung zum »Hinterfragen« einfacher männlicher Sätze in seinem Sketch »Was tust du?« karikiert. Eine in der Küche arbeitende Ehefrau kann sich mit der schlichten Antwort ihres friedlich im Wohnzimmer sitzenden Mannes (»Nichts!«) einfach nicht abfinden und treibt ihn mit ihrem penetranten Weiterfragen schließlich zur Weißglut. Das Gleiche kann man übrigens auch mit der Frage »Was denkst du gerade?« durchexerzieren: Die männliche Antwort »Nichts!« ist für eine Frau zwar schlechterdings unvorstellbar, sollte von ihr aber geglaubt werden, weil Männer offenbar tatsächlich »nichts denken«, sprich: den bewussten Strom ihrer Gedanken problemlos abschalten können (was beim abendlichen Einschlafen übrigens extrem hilfreich ist!).

Auch die beliebte weibliche Frage »Liebst du mich (noch)?« ist für einen Mann schwer zu beantworten, weil er zu Recht ahnt, dass die Fragende sich mit einem einsilbigen »Ja« vermutlich nicht begnügen wird. Doch er kann das »Wozu« dieser Frage schlecht erkennen, weil ihm der Informationsgehalt – was heißt hier »Liebe«? – reichlich schwammig vorkommt, und weil er ahnt, dass er diese Frage auch nicht so leicht auf der reinen Sachebene beantworten kann. Viele Männer reagieren auf diese Frage deshalb eher abwehrend (»Nicht schon wieder!« – »Was soll diese Frage?« – »Das weißt du doch!« – »Das hab ich dir doch erst kürzlich gesagt ...!«) – nicht weil sie ihre Partnerin nicht lieben, sondern weil sie befürchten, dass die Frage der Auftakt zu einem »Beziehungsgespräch« sein könnte, dem sie sich nicht gewachsen fühlen oder dessen Mühen sie scheuen.

▶ **Vermischung von Sach- und Beziehungsebene**
Männer charakterisieren Frauen häufig mit der Behauptung, dass diese im Gespräch »emotionaler und unsachlicher« seien als Männer. Bohrt man nach, was genau damit gemeint ist, so zeigt sich: Männer haben es nicht gern, wenn Frauen die reine Sachebene verlassen, d.h., wenn sie die Beziehungsebene ins Spiel bringen. *Weshalb* sie es nicht gern haben, liegt nach dem bisher Gesagten auf der Hand: Die Kommunikation wird dadurch nicht nur vielschichtiger und komplizierter, sondern – für die Männer – auch anstrengender und konfliktanfälliger.

Doch dies ist sicher nicht der einzige Grund. Ich meine, dass es durchaus *eine Menge* Kommunikationsanlässe und -inhalte zwischen Menschen gibt, bei denen die Konzentration auf die *Sache* unter Zurückstellung der emotionalen Beziehungsebene nicht nur angemessen, sondern auch in der Tat *vernünftig* ist.

Es vereinfacht das Zusammenleben, wenn man sich auf die mitgeteilte Information – oder die gestellte Frage – konzentriert und nicht sofort Vermutungen darüber anstellt, was damit möglicherweise »zwischen den Zeilen« oder »durch die Blume« gesagt worden ist. Es vereinfacht das Zusammenleben darüber hinaus, wenn man seinem Gegenüber zutraut, dass es das, was es wünscht oder vermisst, in durchaus klarer und unmissverständlicher Form äußern kann.

Beispielsweise sollte eine Frau, wenn sie auf einer Autofahrt das dringende Bedürfnis verspürt, eine Toilette anzusteuern, ihren Mann nicht fragen: »Findest du nicht, dass wir mal eine Pause machen sollten?« – und sich dann ärgern, wenn er kurz und bündig antwortet: »Nein, ich brauche keine Pause!« Sagt sie daraufhin nämlich: »Ich sollte aber mal aufs WC!«, so wird er – zu Recht – erwidern: »Dann sag's doch gleich!«

Männer haben ein Recht darauf, dass Frauen sich ein Stück weit auch *ihrem* Kommunikationsstil anpassen – da, wo er angemessen ist. Das heißt: Frauen sollten die Vorteile einer klaren Trennung von Sach- und Beziehungsebene erkennen – nicht, um die Beziehungsebene auszuklammern, sondern um sie nicht *permanent* in die Sachebene hineinzuflechten.

Die Neigung vieler Frauen, zumindest im Gespräch mit (ihren) Männern beides allzu gern und allzu schnell miteinander zu vermischen, führt bei Männern dazu, solche Gespräche tunlichst zu vermeiden, weil sie sich dieser »Gemengelage« nicht gewachsen fühlen und darin auch keinen Vorteil für die Kommunikation erkennen. Während es nämlich für Frauen überhaupt nicht schwierig ist, zwischen Sach- und Beziehungsebene sozusagen leichtfüßig hin und her zu hüpfen, fällt Männern diese »Sprunghaftigkeit« extrem schwer. Ja, sie ist den meisten auch völlig fremd, weil sie die Beziehungsebene nach Möglichkeit eher ausblenden.

*Ein beispielhafter Dialog
soll das Gesagte verdeutlichen.*

Eine Frau sagt zu ihrem Partner: »Ich finde, wir sollten unseren Garten neu gestalten, mir gefällt er so nicht mehr.« – Er: »Was willst du denn ändern?« (Sachebene!) – Sie: »Das weiß ich noch nicht, du könntest dir ja auch mal ein paar Gedanken machen!« (Wechsel von der Sach- zur Beziehungsebene, verbunden mit einer indirekten Kritik) – Er: »Wieso soll ich mir Gedanken machen, mir gefällt er so, wie er ist!« (Sachebene, Beziehungsebene wird ignoriert!) – Sie: »Klar gefällt er dir so, wie er ist, das ist natürlich am bequemsten für dich. Wenn's nach dir ginge, hätten wir ja auch noch die erste Kücheneinrichtung, die wir nach unse-

> rer Heirat gekauft haben!« (weiterer Vorwurf auf der Beziehungsebene) – Er: »Kannst du mir sagen, warum ich etwas ändern soll, das mir noch gefällt und noch gut in Schuss ist?« (Sachebene, die Beziehungsebene wird weiterhin ignoriert, ebenso auch der neue Vorwurf) – Sie: »Das könntest du zum Beispiel mir zuliebe machen! Andere Frauen leisten sich alle paar Jahre einen neuen Garten, und ihre Männer unterstützen sie dabei!!« (neuer Vorwurf auf der Beziehungsebene unter Verzicht auf Argumente auf der Sachebene)

So könnte der Dialog noch lange fortgesetzt werden, mit zunehmender Gereiztheit und Aggressivität auf beiden Seiten. »Sie« vermischt permanent die *Sache* – ihr Wunsch nach Neugestaltung des Gartens – und die *Beziehung*: ihre Unzufriedenheit mit der vermeintlichen Initiativlosigkeit und dem Desinteresse ihres Partners, das für sie möglicherweise ein Zeichen seiner fehlenden Wertschätzung ihrer Person ist.

»Er« hingegen konzentriert sich stur auf die Sache (Muss der Garten neu gestaltet werden – ja oder nein?) und ignoriert standhaft ihre eingeflochtenen und immer deutlicher werdenden Vorwürfe.

Dieses »Aneinandervorbeireden« trifft man bei vielen Paaren – doch wer trägt dafür eigentlich die Verantwortung? Meines Erachtens die Frau ebenso wie der Mann. Grundsätzlich kann man nämlich sagen: Probleme in Beziehungen *»werden nicht von der einen oder anderen Person verursacht, sondern von der Art, wie sie einander begegnen«*[55].

Lassen Sie mich dies anhand des gegebenen Beispiels illustrieren. *Die Antworten der Frau* machen deutlich, dass sie ein Sachthema ruckzuck zum Aufhänger für ein Beziehungsproblem macht – was nicht sehr konstruktiv ist, wie der Dialog zeigt. *Seine Antworten* signalisieren, dass er nicht gewillt (oder in der Lage) ist, auf diese Vermischung zweier ganz verschiedener Themenkom-

---

[55] Samuel Shem und Janet Surrey, Alphabete der Liebe, München 2003, S. 69.

plexe einzugehen, schon gar nicht, wenn er dabei unverzüglich in die Rolle des Angeklagten gedrängt wird.

Warum aber, so muss gefragt werden, vermischt die Frau die beiden Themen? Was für einen Vorteil verspricht sie sich davon, sie ineinander zu verflechten? Ich vermute: Darüber denkt sie gar nicht nach – sie *tut* es einfach. Doch es ist wenig aussichtsreich, Beziehungsthemen zwischen den Geschlechtern über den »Transmissionsriemen« von Sachthemen ausdiskutieren zu wollen! Männer fühlen sich genervt von so viel Unsachlichkeit, Frauen fühlen sich in ihrer – nach ihrer Überzeugung glasklaren – Beziehungsbotschaft nicht ernst genommen.

Was aber wäre eine Lösung? Würde der Mann sich fragen: »Welches Problem in unserer *Beziehung* steht hinter dieser Sachfrage?«, so könnte er seine Frau direkt auf dieses Problem ansprechen: »Das hört sich so an, als ob du dir von mir etwas mehr Kreativität in Bezug auf Haus und Garten wünschst. Fühlst du dich in dieser Hinsicht von mir zu sehr alleingelassen?« – Daraufhin könnte die Frau – sachlich! – antworten: »Ja, genau so ist es!« oder: »Nein, das Gefühl habe ich nicht.« – In diesem Fall wäre sie gezwungen, ihr eigentliches Anliegen konkreter zu formulieren, was für den weiteren Verlauf des Gesprächs nur von Nutzen sein könnte: »Weißt du, es geht mir darum ...«

Würde jedoch die Frau diese Frage *an sich selbst* stellen: »Welches Problem in unserer Beziehung bringe ich mit dieser Sachfrage in Verbindung?«, so könnte sie die beiden Themenfelder von vornherein klar unterscheiden und beispielsweise sagen: »Das kann ich ja verstehen, dass dir der Garten gefällt, so wie er ist, aber ich würde mich einfach freuen, wenn du auch mein Interesse respektierst und mich trotzdem bei der einen oder anderen Veränderung unterstützen würdest!« – Daraufhin könnte er gelassen antworten: »Das leuchtet mir ein, und ich will dich auch unterstützen! Aber erwarte bitte nicht zu viel!«

▶ **Ausnutzen der verbalen Überlegenheit im emotionalen Bereich**
Wie wir mehrfach festgestellt haben, sind Frauen meist wortgewandter, wenn es um Gefühle geht, weil sie offenbar weniger Schwierigkeiten haben, sich dieser Gefühle bewusst zu werden und sie in sprachliche Formen zu bringen. Wenn sie ihre Wortgewandtheit dazu gebrauchen, um dem Mann buchstäblich etwas ein- oder auszureden, ihn zu überfahren oder ihn in die Enge zu treiben, so überkommt den Mann dabei immer mehr ein Gefühl des Unbehagens (»Ich komme ja doch nicht gegen sie an!«). Erst recht ist dies der Fall, wenn sie ihn mit verletzenden Urteilen demütigt (»Du bekommst ja nichts auf die Reihe – schau doch deinen Bruder an, der kann was!«).

Die eigene weibliche Wortgewandtheit auszunutzen erzeugt beim Mann unweigerlich das Empfinden, unterlegen bzw. ausgeliefert zu sein. Er fühlt sich bedroht. Darauf reagiert das Gehirn, egal ob es sich um eine körperliche oder seelische Bedrohung handelt, mit einem unveränderlichen, festgelegten Alarmprogramm, der so genannten Stressreaktion, die auf den gesamten Körper übergreift. Die Stressreaktion kennt genau zwei Alternativen: entweder Kampf (Aggressivität, verbale oder tätliche Angriffe) oder Flucht (weggehen, schweigen, sich emotional zurückziehen usw.).

Leider ist es ein Teil dieser Stressreaktion, dass genau das lahmgelegt wird, was die Frau im Gespräch mit ihrem Mann eigentlich erwartet, nämlich das klare Denkvermögen. Es werden stattdessen uralte, fast automatisch ablaufende emotionale Reaktionsprogramme aktiviert, die dazu führen, dass an eine vernünftige Klärung der Probleme nicht mehr zu denken ist. Und in der Tat: Viele Gewalttaten im Affekt (dazu gehören auch die sogenannten Beziehungsmorde), die von Männern begangen werden, haben als Auslöser ein Verhalten oder auch nur eine Äußerung des Gegenübers, die den Mann an einem zutiefst verletzlichen Punkt seines Selbstwertgefühls traf.

Damit soll das Recht der Frau auf freie Meinungsäußerung und selbstbestimmtes Handeln auf keinen Fall geschmälert werden. Doch jede Frau, die in einer festen Beziehung lebt, muss sich gut überlegen, wie sie dieses Recht dem Mann gegenüber umsetzt, ohne ihn zutiefst zu verletzen oder emotional völlig zu überfordern.

▶ **Fehlende Empathie**
Frauen neigen manchmal dazu, auf die Verwundbarkeit des Mannes, *wenn* er sich emotional öffnet, zu wenig Rücksicht zu nehmen, wodurch sie ihn möglicherweise verletzen, ohne sich darüber im Klaren zu sein. Sie machen sich oft nicht genügend bewusst, wie viel *Überwindung* es einen Mann kostet, unverarbeitete Erlebnisse, wunde Punkte oder »weiche Stellen« seiner Psyche oder seines Lebens zu thematisieren. All das, was er lieber verdrängt oder für sich behält, bedroht schließlich sein Selbstbild und sein Selbstvertrauen aufs Empfindlichste! Das Gefühl der Rat- oder Hilflosigkeit, die Erfahrung von Scheitern und Niederlagen, von Verletzungen und bitteren Enttäuschungen – gerade solche Punkte müssen von einer Frau, sofern ein Mann sie zur Sprache bringt, mit großer Geduld, Feinfühligkeit und Behutsamkeit aufgenommen oder angesprochen werden. Vorschnelle Urteile, kritische Einwürfe, spöttische und abfällige Kommentare sind hier nicht selten Gift.[56]

Ein Beispiel

Ein Mann kommt abends von der Arbeit und wird von seiner Frau gefragt: »Wie war's heute in der Firma?« – »Na ja, das Übliche ...« – »Was heißt ›das Übliche‹? Irgendwie wirkst du ziemlich erschöpft!« – »Ach ja, wenn einem diese Idioten von der anderen Abteilung auch dauernd Prügel zwischen die Beine werfen ...!« – »Meinst du wirklich, bei euch sitzen weniger Idioten?« – »Das nicht, aber darum geht's jetzt doch gar nicht.« – »Doch, darum geht's auch, denn ich finde es nicht gut, wenn man die Schuld bei Problemen immer nur bei den anderen sucht ...!« – »Oh Gott, fang nicht davon an. Ich geh duschen.«

---

[56] Siehe unten Kapitel 14

Eigentlich fängt es wunderbar an: Die Frage der Frau lädt den Mann ein, ihr seine momentane Befindlichkeit mitzuteilen. Der Mann geht auf diese Aufforderung nicht sofort ein, sondern antwortet zunächst mit einer allgemeinen Andeutung (»das Übliche«). Die Frau fragt jedoch beharrlich weiter und spricht ihn sogar ganz gezielt auf seine Gefühlslage an (»Du wirkst sehr erschöpft«). Sie signalisiert damit noch einmal, dass sie Interesse an seinem inneren Erleben hat und Anteil an seinen Erfahrungen nehmen möchte.

Auf dieses zweite Nachfragen hin öffnet sich der Mann tatsächlich, aber auf seine Art: Er sagt nicht, wie es ihm persönlich geht – dass er nämlich sehr frustriert ist –, sondern schildert das Problem auf eine Weise, die zunächst von seiner eigenen Person ablenkt (»Diese Idioten von der anderen Abteilung«). Er versucht, was er am besten beherrscht, nämlich: ein Sachproblem zu konstruieren (»Wenn die anderen nicht so idiotisch wären ...«), und *deutet nur an*, wie sehr ihn die Erlebnisse emotional schmerzen. An dieser Stelle hätte die Frau weiter nachfragen müssen: »Willst du damit sagen, dass du unter dem Verhalten deiner Kollegen sehr leidest? Was machen sie denn genau?«

Stattdessen wechselt sie vom einfühlenden Nachfragen mit einem Mal zum Angriff über. Ihre spöttische Frage (»Meinst du wirklich ...«) könnte durchaus als indirekter Vorwurf gedeutet werden (»Vielleicht gehörst du ja auch zu den Idioten und merkst es nur nicht!«). Damit verlässt sie die Ebene des sachlichen Gesprächs und greift den Mann unvermittelt auf der Beziehungsebene an. Der Mann reagiert verständlicherweise irritiert und abwehrend, weil er den abrupten Themenwechsel, der ja auch ein Wechsel der Gesprächsebene ist, nicht einfach hinnehmen möchte. Er versucht, seine Selbstmitteilung – zu der sie ihn ja ausdrücklich aufgefordert hatte! – fortzuführen. Doch so weit kommt es gar nicht, weil sie ihm uneinfühlsam ins Wort fällt (»Doch ...!«) und ihren Angriff gegen ihn sogar noch konkretisiert und ausweitet.

Damit hat sie es endgültig geschafft, die Ebene der empathischen Anteilnahme zu verlassen. Sie nutzt stattdessen seine Bereitschaft zum Gespräch über sich selbst, um ein offenbar schon lange in ihr schwelendes Beziehungsproblem anzuschneiden (möglicherweise: »Ich leide darunter, dass du auch in unserer Beziehung für Probleme keine Verantwortung übernimmst«). Der Mann durchschaut das Spiel und reagiert mit Ärger und Rückzug.

Fazit: Durch ihren vorschnellen Angriff würgte die Frau ihren Mann, der gerade erst vorsichtig begonnen hatte, sich zu öffnen, unverzüglich wieder ab und löste bei ihm einen »Abschottungsreflex« aus. Das nächste Mal wird er sich vermutlich nicht mehr so unvorsichtig aus der Reserve locken lassen ...

▶ **Weibliches Überlegenheitsgefühl**
Frauen neigen aufgrund ihrer ausgeprägteren Bewusstheit in Bezug auf emotionale Befindlichkeiten und atmosphärische Störungen in Beziehungen bisweilen gern dazu, Männer als defizitäre Wesen anzusehen, die sozusagen mit einem verkrüppelten Gefühlsleben geschlagen sind, aus dem nur »Frau« sie erretten kann. Hier mangelt es an Respekt vor der Andersartigkeit des Mannes. Stattdessen macht die Frau ihre eigene Veranlagung zum Maß aller Dinge. Eine solche, sicher oft unbewusste Überheblichkeit löst bei Männern eher Rückzugstendenzen aus als Angriffsbereitschaft. Sie wollen ja gar nicht mehr unbedingt als überlegen, aber wenigstens als *ebenbürtig* anerkannt werden und haben keine Lust, darum zu kämpfen – zu Recht.

Mir fällt im Gespräch mit Ehepaaren beispielsweise des Öfteren auf, dass Frauen unverblümt irgendein Defizit ihres Partners beklagen (»Mein Mann ist so unordentlich, dauernd muss ich hinter ihm herräumen!« – »Er hat es nicht gelernt, auf Menschen zuzugehen, deshalb muss ich unsere ganzen sozialen Kontakte pflegen!« – »Mein Mann vergisst in letzter Zeit alles, ist das bei Ihrem auch so?«) – während Männer dies von sich aus wesentlich seltener tun. Sie verteidigen sich zwar – oft etwas verlegen und unbeholfen (»Das stimmt doch gar nicht!« – »So schlimm ist es auch wieder nicht!«) – gegenüber diesen Vorwürfen, aber interessanterweise gehen sie selten zum Gegenangriff über (»Und was ist mit dir? Du kannst dich von nichts trennen, das ganze Haus ist langsam vermüllt!« – »Und du? Bis heute kannst du keine Stromabrechnung lesen!«). Nach meiner Erfahrung neigen sie zu solchen Retourkutschen weitaus seltener als Frauen, wenn sie angegriffen werden.

Männer sind – so mein Eindruck – eher bereit, ihre Partnerinnen so zu akzeptieren und zu tolerieren, *wie sie sind,* während Frauen meist eines Tages anfangen, an ihren Partnern diverse Mängel wahrzunehmen und anzuprangern.

»Klar«, könnte »Frau« an dieser Stelle sagen, »der Genügsamere hat's immer leichter! Wir Frauen sind halt nicht so einfach gestrickt, sondern anspruchsvoller!« Damit hat sie vielleicht sogar recht, was Beziehungen und Beziehungsgestaltung anbelangt – doch dies darf kein Grund sein, diese Genügsamkeit der Männer von vornherein als etwas Negatives oder gar Minderwertiges anzusehen. Ganz im Gegenteil: Wer sich mit dem be-gnügen und ver-gnügen kann (in beiden Wörtern steckt »genug«!), was er hat, ist für das Glück auf jeden Fall begabter als die ewig Unzufriedenen, die permanent auf der Suche nach dem »Noch-Besseren« sind.

Außerdem kann man sagen: Es gibt viele Formen von Beziehungen, in denen die persönliche Genügsamkeit etwas äußerst Entlastendes und Entspannendes an sich hat, weil dadurch für beide Seiten kein Erwartungsdruck und dadurch weniger Stress entsteht. Ich denke hier beispielsweise an die Beziehungen zwischen erwachsenen Kindern und ihren Eltern. Häufig sind die Väter hier die wesentlich »pflegeleichteren« im Vergleich zu den Müttern, weil die Väter ihre Kinder nicht mit ganz bestimmten Erwartungen traktieren (»Gelt, ihr kommt an Weihnachten!« – »Aber euer Kind wird doch hoffentlich getauft!!«). Stattdessen akzeptieren sie deren Beziehungsgestaltung und Lebensführung so, wie sie ist, oder behalten ihre kritischen Gedanken eher für sich.[57]

---

[57] Anders ist die Sachlage, wenn die Väter ganz bestimmte *berufliche* Pläne für ihre Kinder haben, z.B. was Geschäftsübernahme o.Ä. betrifft. Hier haben sie oft viel zu konkrete Erwartungen, die von den Kindern – meist Söhnen – häufig enttäuscht werden (müssen).

Auch in Freundschaften erlebe ich Männer in der Regel als unkomplizierter. Es wird nicht nach- und aufgerechnet, wer als Letzter angerufen oder eingeladen hat. Es wird nicht jedes Wort auf die Goldwaage gelegt. Konflikte, Missverständnisse und Meinungsverschiedenheiten führen nicht gleich zu mittleren Beziehungskrisen, sondern können auch wieder ohne viel Federlesens und ohne lange Aussprachen ad acta gelegt werden. Die Freiheit und Eigenheit des anderen wird nach Möglichkeit respektiert. Bevor man sich über ihn ärgert, versucht man erst einmal, das Erlebte nicht allzu wichtig zu nehmen – was in vielen Fällen auch die klügste Lösung ist.

Warum fällt Frauen diese Genügsamkeit in Beziehungen schwerer? Ist es wirklich, wie manche von ihnen prompt meinen, ein Zeichen ihrer größeren Sensibilität oder ihrer höheren Entwicklungsstufe? Könnte es nicht auch ein Zeichen für eine gewisse Überschätzung oder Überbewertung des eigenen Ichs und seiner zahllosen Ansprüche und Empfindlichkeiten sein? Könnten also Frauen von Männern gerade in Sachen Toleranz und Genügsamkeit nicht auch einiges lernen, z.B. das Prinzip »Leben und leben lassen« – gerade auch in *familiären Beziehungen*, um sich gegenseitig nicht die Luft zum Atmen zu nehmen? Auf jeden Fall empfiehlt es sich, ob Mann oder Frau, die kluge Empfehlung des Dichters Kahlil Gibran zu beherzigen, die er allen Neu-Vermählten gab:

»Liebt einander, doch seht zu, dass diese Liebe keine Fessel wird,
sondern eine wogende See zwischen den Ufern eurer Seelen.
Schenkt einander ein, aber trinkt nicht aus demselben Becher,
gebt euch von eurem Brot, aber esst nicht vom selben Stück.
Seid wie die Saiten einer Gitarre,
die getrennt sind und doch unter derselben Musik schwingen.
Steht zueinander, aber nicht zu nahe beieinander,
denn auch die Säulen des Tempels sind jede für sich ...«[58]

---

[58] Kahlil Gibran, Der Prophet, München 2002, S. 23f.

12. Partnerschaften heute – ein anspruchsvolles Unternehmen

»Es ist schlimm, wenn zwei Eheleute einander langweilen; viel schlimmer jedoch ist es, wenn nur einer von ihnen den andern langweilt.«

MARIE VON EBNER-ESCHENBACH

Zahlreiche langjährige Partnerschaften, die ich kenne oder durch meine berufliche Tätigkeit kennengelernt habe, würde ich ungefähr folgendermaßen charakterisieren: Die Partner haben äußerliche, d.h. räumliche und materielle Gemeinsamkeiten. Sie teilen Tisch und Bett, Haus und Garten, Auto und Fernseher etc. Darüber hinaus gibt es nicht materielle Gemeinsamkeiten im Beziehungsbereich, z.B. die gemeinsame Verantwortung für die Kinder, Enkel oder jeweiligen gebrechlichen Eltern, der gemeinsame Freundeskreis (falls vorhanden) oder gemeinsame Hobbys (Wandern, Singen, Tanzen usw.). Aus dieser »Schnittmenge« der Gemeinsamkeiten ergibt sich immer wieder ein gewisser Gesprächsstoff und -bedarf. Ansonsten jedoch lebt jeder, sei es beruflich oder in der Freizeit, in seiner eigenen Welt, zu welcher der Partner nur wenig Zugang oder Zutritt hat. Das »Wir« konzentriert sich mehr auf die äußere als auf die innerliche Sphäre der beiden Lebensgefährten. Schwierig kann dies werden, wenn einer der Partner (oder beide) in den Ruhestand tritt. Dann wird aufgrund der reichlich vorhandenen Freizeit die Schnittmenge der gemeinsamen Zeit plötzlich zwangsläufig viel größer – ohne dass sie durch eine gewachsene innere Verbundenheit sozusagen abgedeckt ist. Diese Ehen entwickeln sich nicht selten zu einem äußerst spannungsreichen Miteinander, auf welche eine weitere scharfsinnige Beobachtung von Marie von Ebner-Eschenbach zutrifft: »Manche Ehen sind ein Zustand, in dem zwei Leute es weder mit noch ohne einander aushalten können.«

In zahllosen älteren und neueren Romanen, aber auch Biografien werden solche schiedlich-friedlichen Beziehungsgestaltungen beschrieben. In vielen Kulturen und Gesellschaften von der ersten bis zur sogenannten Dritten Welt gehört ein Leben der Partner in weitgehend getrennten Welten zur Normalität, auch gefördert von jeweiligen kulturellen und religiösen Vorschriften, die z.B. im Sakralbereich eine strikte Trennung von Männern und Frauen verlangen (Judentum/Islam).

Früher war dieses Leben in verschiedenen Welten sicher noch wesentlich ausgeprägter. Allerdings gab es zu allen Zeiten auch Ausnahmen: Männer und Frauen, die nicht nur ihr äußeres, sondern auch ihr inneres, seelisches Leben in hohem Maß miteinander teilten. Die versuchten, an der äußeren *und* inneren Welt des Partners regen Anteil zu nehmen, ihn bei seinen Aktivitäten zu unterstützen, so gut es ging. Ein erstaunlich frühes und gut belegtes Beispiel einer solch intensiven Partnerschaft ist der einstige Mönch und spätere Reformator Martin Luther. Er hatte sich erst spät und zunächst eher widerwillig zur Ehe entschlossen, weil die ihrem Kloster entflohene ehemalige Nonne Katharina von Bora die ihr angebotenen potenziellen Ehemänner ablehnte. Martin Luther fühlte sich für sie verantwortlich und konnte schließlich nicht umhin festzustellen, dass die selbstbewusste Frau offenbar auf ihn persönlich ein Auge geworfen hatte. Seine Ehe stellte er zunächst eher als einen Akt der Vernunft dar (er stand schließlich unter enormem öffentlichem Druck, als er heiratete), doch bald schon lernte er seine Frau in immer mehr Lebensbereichen herzlich lieben und hoch schätzen. Sie war in der Tat eine ihn überraschend gut ergänzende, ihm aber auch in vieler Hinsicht ebenbürtig und selbstständig gegenüberstehende Ehefrau, die er liebe-, aber auch respektvoll manchmal im Scherz »Mein Herr Käthe« nannte![59]

Und: Es gab zu allen Zeiten auch viele Paare, die gar nicht anders konnten, als zumindest intensiv zusammenzuarbeiten – man denke nur an das Heer früherer Bauern, Handwerker, Händler, Gastwirte

---

[59] Vgl. Horst Herrmann, Martin Luther. Eine Biographie, Berlin 2003, S. 443ff.

usw. Wobei nicht gesagt ist, dass die Kommunikation über Themen, welche die Arbeit betrafen, nennenswert hinausging.

Ein gutes Beispiel aus der jüngeren Vergangenheit für eine tatkräftig ihren Mann unterstützende Partnerin ist Bertha Benz, die Frau des Erfinders Carl Benz. Trotz vieler Rückschläge und Enttäuschungen stärkte sie ihrem Mann bei seinen unendlichen Versuchen, ein funktionsfähiges »Automobil« zu entwickeln, energisch und mit nicht nachlassender Zuversicht den Rücken – und sie war es, welche mutig mit zwei ihrer Kinder die erste längere Probefahrt unternahm, während ihr Gatte noch selig schlief.

Doch festzuhalten bleibt: In früheren Zeiten erwarteten die Menschen – sowohl Männer als auch Frauen – auch hierzulande von der Ehe nicht den Himmel auf Erden, sondern waren oft schon froh, wenn sie »die Erde auf Erden« hatten – sprich: ein Auskommen, eine Familie, einen Ort, wo man hingehörte. Ob diese Beziehungen sehr glücklich waren oder nicht, sei dahingestellt – doch sie waren aufgrund des beiderseitigen Nutzens und der fehlenden Alternativen auf jeden Fall relativ stabil. Denn zumindest die Frauen hatten, selbst wenn sie litten oder unzufrieden waren, kaum Ausbruchsmöglichkeiten. Der Mann war der Ernährer, von dessen Einkommen die Frau in der Regel abhing. Außerdem: Sich scheiden zu lassen war nicht nur aus wirtschaftlichen und religiösen Gründen sehr erschwert, sondern es war auch ein gesellschaftlicher Makel.

Und so fanden sich viele Partner – vermutlich bis in die Generation unserer Großeltern – mit einer eher zweckorientierten, möglicherweise wenig das eigene Innenleben berührenden, auch wenig anregenden oder gar »erfüllenden« Ehe ab. »Er« hatte seinen Club oder Verein, in dem er Kommunikationsmöglichkeiten nach seinem Geschmack fand (man denke an die vielen Stammtische früherer Zeiten!), »sie« hatte ebenfalls ihre Freundinnen oder Zirkel, in denen sie sich mitteilen konnte und Gesellschaft fand, abgesehen vom oft sehr engen Netz der großen Verwandtschaft.

Wie ist es heute?

Das oben geschilderte Beziehungsmodell hat einige einschneidende Veränderungen erfahren, seit immer mehr Frauen berufstätig sind, ermöglicht durch ihre zunehmenden Bildungschancen. Das bringt vor allem die Männer heute in eine ganz neue, ungewohnte Situation der Frau gegenüber.

Plötzlich ist »sie« nicht mehr das »unverbildete« Wesen, das ihm in Sachen Bildung oder Intellekt kaum das Wasser reichen kann. Im Gegenteil – inzwischen haben Frauen, was den Bildungsstand anbelangt, die Männer nicht nur eingeholt, sondern teilweise sogar schon überholt. Es gibt nicht nur mehr weibliche als männliche Abiturienten, sondern an den meisten Universitäten auch mehr weibliche als männliche Studenten, die dazu auch noch oft die besseren Abschlussnoten erzielen (z.b. bei den Juristen). Die Folge ist, dass sich immer seltener Angehörige deutlich unterschiedlicher Bildungsschichten heiraten. War es einst – noch bis in die letzten Jahrzehnte hinein – keineswegs ungewöhnlich, dass der Arzt die Krankenschwester, der Lehrer die Erzieherin, der Ingenieur die Sekretärin ehelichte, so geht heute der Trend immer mehr dahin, dass sich Paare mit übereinstimmendem Ausbildungsniveau zusammenfinden.[60]

Viele Frauen sind heute beruflich hoch qualifiziert und verfügen über eine sehr gut geschulte kommunikative Kompetenz – dies prägt zweifellos auch ihre Ansprüche dem Partner gegenüber. Er sollte nicht nur über einen ähnlich hohen eigenen Berufsstatus verfügen, sondern darüber hinaus auch die Möglichkeit zu geistiger Gemeinschaft und anregender Unterhaltung bieten. Eine Frau, die sich nach einem anstrengenden Arbeitstag – es sei außer Haus oder zu Hause – abends mit ihrem Mann nicht nur ausruhen, sondern auch gelegentlich über ihre beiderseitigen Erlebnisse und Erfahrun-

---

[60] Pressenotiz des Schwäbischen Tagblatts vom 6. Mai 2008: Es gibt eine starke Tendenz zur Heirat »unter Gleichgesinnten oder Gleichgestellten«, wie der Soziologe Hans-Peter Blossfeld sagt. Der Grundsatz »Gegensätze ziehen sich an« stimmt immer weniger, was den sozialen Status betrifft.

gen austauschen möchte, wird es auf die Dauer nicht hinnehmen, wenn der Mann nur einsilbige Antworten gibt und keinerlei Interesse an dem Erleben und den Problemen seiner Frau an den Tag legt. »Gemeinsam einsam« – dieses Motto für eine Ehe finden heute immer weniger Frauen attraktiv – und ziehen daraus die Konsequenzen. Denn sie suchen in ihrem Mann auch eine Ergänzung, ein spannendes und herausforderndes Gegenüber.

Gerade weil heute *beide* Partner oft in teilweise extrem verschiedenen Berufswelten ihren Tag verbringen, sehen es Frauen – mehr als Männer – als wichtig an, wenigstens in der verbleibenden Freizeit den inneren »Alleingang« gegen ein »Miteinander«, sei es als Paar oder als Familie, auszutauschen. Wenn jedoch im Zusammensein nichts Wesentliches – also das *Wesen,* die Person Betreffendes – mehr mit-geteilt und damit *geteilt* wird, so wird aus dem Miteinander relativ schnell ein »Nebeneinander«. Man teilt die Wohnung, aber nicht die Erfahrungen. Man erlebt körperliche Intimität, aber keine seelische Nähe. Man nimmt zusammen die Mahlzeiten ein, spricht aber nicht über das, was man seelisch »zu verdauen« hat. Man teilt viel Äußerliches, aber immer weniger Innerliches. Selbst im Urlaub ist die Zeit, zumal wenn Kinder da sind, häufig so mit Aktivitäten verplant, dass man sich nicht füreinander öffnet, nicht auf Vergangenes zurückschaut, wodurch auch die Beziehung kaum aufgefrischt wird. Es fehlt dafür die Stille, der Raum, der Mut – und oft auch das Bewusstsein für die Notwendigkeit, vor allem aufseiten der Männer. Doch Frauen sollten an dieser Stelle ihr Feingefühl für die Beziehungsqualität ins Spiel bringen und auf ihre innere Stimme hören. Sie sollten sich nicht mit gemeinsamen Unternehmungen und viel äußerem Aktivismus begnügen. Damit werden sie es den Männern zwar in gewisser Weise leicht machen, indem sie ihnen kein anstrengendes Gespräch über die Beziehung abverlangen. Doch auf die Dauer kann eine Frau ihre innere Stimme, die ihr Unzufriedenheit und ein zunehmendes Gefühl emotionaler Einsamkeit signalisiert, nicht ignorieren. Entweder meldet sich der Körper stellvertretend für die Seele und setzt Alarmzeichen (eine Frau erzählte mir, dass ihre dauernden Migräneanfälle schlagartig aufhörten, als ihr Partner starb!), oder die Seele bricht unter der Last des Nicht-Ausgesprochenen und Verdrängten, vielleicht auch unter der Last des Erduldeten, aber nicht wirklich Akzeptierten eines Tages zusammen. Es kann dann zu heftigen Erkrankungen kommen (Depression, Burnout u.a.).

Viele Frauen lassen es jedoch nicht mehr so weit kommen und reichen, wenn ihr Wunsch nach mehr emotionaler Nähe, nach mehr Gespräch und Austausch vom Partner konstant zurückgewiesen wird, eines Tages die Scheidung ein. Erstens können sie es sich dank eigener Berufstätigkeit finanziell oft durchaus leisten, oder sie nehmen finanzielle Einbußen in Kauf; zweitens ist es für Frauen kein Makel mehr, geschieden zu sein.

Warum auch Männer einen höheren Verbundenheitsanspruch haben sollten

Die *Vorteile* von emotionaler Distanz und Verschlossenheit liegen auf der Hand: Der Mann, der nichts oder fast nichts von seinem Inneren preisgibt, schützt sich vor Verletzungen. Er gibt sich keine Blöße, die ihn angreifbar macht. Er muss sich nicht infrage stellen (lassen). Darüber hinaus kann Verschwiegenes auch leichter verdrängt werden als Ausgesprochenes. Nicht zuletzt lässt sich die Fassade vom starken Mann, der im Zweifelsfall Verletzungen »wegsteckt« und keine Probleme mit sich und anderen hat, gut aufrechterhalten.

Doch langfristig ist für diese Vorteile ein hoher Preis von den Männern zu bezahlen: Die innere Einsamkeit, die Neigung zu Verdrängung und der Mangel an Entlastung durch Austausch und Anregung bei Themen, die den Mann emotional und existenziell betreffen, fordern ihren gesundheitlichen und psychischen Tribut.

Zwar ist es Männern meist weniger als Frauen bewusst, wie gut es tut, sich etwas »von der Seele zu reden«, doch ihre Körper wissen es sehr wohl. Zahlreiche Untersuchungen weisen nach, dass Männer, die in ihrem privaten Umfeld keine Möglichkeit der emotionalen Öffnung, des vertrauensvollen Gesprächs haben (oder diese Möglichkeit nicht nutzen), stärker mit gewissen gesundheitlichen Risiken rechnen müssen als Männer, welche die Möglichkeit haben *und* nutzen. So ist es kein Wunder, dass vor einigen Jahren eine Studie Folgendes aufzeigte: Bei den hoch bezahlten Männern (= mehr als 8 000 € monatliches Nettogehalt), die normalerweise in höchst verantwortungsvollen Positionen sind und wenig Zeit für ihr Privatleben haben, leiden 85 Prozent an Gesundheitsproblemen wie chronischen Rücken- oder Kopfschmerzen, hohem Cholesterinspiegel, gelegentlichen Herzrhythmus- und Schlafstörungen.[61]

Dem stehen Untersuchungen entgegen, die zeigen: Menschen mit verlässlichen sozialen Bindungen leben deutlich länger als jene mit schlechten oder nur oberflächlichen sozialen Kontakten. Die größte Lebenserwartung haben jene Männer und Frauen, die sowohl auf einen gesunden Lebensstil achten als auch ihre menschlichen Beziehungen bewusst pflegen. Beides gelingt Frauen – auch allein lebenden – leichter als Männern, was mit ein Grund dafür sein dürfte, dass sie derzeit eine zwischen fünf und sieben Jahren höhere Lebenserwartung haben als Männer.[62] Auffallend ist außerdem, dass drei- bis viermal so viele Männer wie Frauen Selbstmord begehen. Sie erleiden auch wesentlich häufiger als Frauen einen Herzinfarkt. Doch selbst bei Herzerkrankten haben sowohl Männer als auch Frauen, die in einer positiv-liebevollen Beziehung leben, eine höhere Lebenserwartung. Eine umfassende Schweizer Studie stellte fest: »Das Funktionieren einer Beziehung und ein soziales Netz sind ganz wichtige Faktoren für das Wohlbefinden von Menschen,

---

[61] Es handelt sich um eine Studie des Karlsruher Instituts für Arbeits- und Sozialhygiene aus dem Jahr 2001.
[62] Ein Teil dieser höheren Lebenserwartung ist allerdings darauf zurückzuführen, dass Männer aufgrund ihres risikofreudigeren Lebens häufiger vorzeitig zu Tode kommen als Frauen, was die durchschnittliche Lebenserwartung der Männer natürlich senkt. Auch hormonelle Ursachen dürften eine Rolle spielen, doch damit ist nicht erklärt, weshalb der Unterschied in der Lebenserwartung von Männern und Frauen in früheren Jahrhunderten wesentlich geringer war. Hier spielt sicher auch der Umgang mit Stress eine große Rolle.

die an einer Herzerkrankung leiden ... Wer in einer guten Partnerschaft lebt, findet darin Unterstützung und Hoffnung.«[63]
Wie der Ulmer Medizinprofessor Harald C. Traue in seiner groß angelegten Untersuchung über den Zusammenhang vom Umgang mit Gefühlen und körperlicher Gesundheit herausfand, bietet das lang anhaltende Verdrängen von belastenden Gefühlen den idealen Nährboden für psychosomatische Krankheiten.[64] Die Alternative – nämlich darüber zu reden – erfordert allerdings, wie schon ausgeführt, neben dem Willen dazu auch ein einfühlsames und aufgeschlossenes Gegenüber! Hier erleben viele Männer, dass sie diese Empathie eher bei Frauen finden als bei anderen Männern – weshalb ihre Auswahl unter männlichen Freunden, Bekannten, Kollegen und »Kumpels« leider oft recht beschränkt ist. Das bedeutet: Die meisten Männer mögen vielleicht ein geringeres Bedürfnis haben, sich über ihre Erlebnisse und Probleme mit anderen Menschen auszutauschen. Dennoch müsste bei ihnen im Lauf der Zeit die Erkenntnis heranreifen, dass es auch für sie durchaus hilfreich und entlastend sein könnte, ihr inneres Leben mit einer Frau an ihrer Seite – und möglichst noch ein paar Freunden – zu teilen.

Fazit: Selbstverständlich gibt es ein ganzes Bündel an Ursachen dafür, dass Ehen heute früher und häufiger in die Brüche gehen als noch in der Generation unserer Eltern oder gar Großeltern. Gestiegene Erwartungen der Frauen an die Männer bei gleichzeitig enorm gewachsenen eigenen Möglichkeiten und Freiräumen sind sicher die eine Ursachenschiene. Doch ein weiterer Grund scheint mir das unzureichend entwickelte Bewusstsein der Männer – möglicherweise auch zunehmend der voll berufstätigen Frauen – dafür zu sein, dass das offene und vertrauensvolle Gespräch über sich selbst immer wieder notwendig ist, um seelische Nähe und Verbundenheit in einer Partnerschaft aufrechtzuerhalten. Fehlt dieses Bewusstsein, kann sich eine »Kultur

---

[63] Zitiert aus dem Artikel »Die Liebe tut dem Herzen gut« vom 31. August 2004 im Schwäbischen Tagblatt.
[64] Harald C. Traue, Emotion und Gesundheit, Heidelberg/Berlin 1998.

des geistig-emotionalen Austauschs« nicht entwickeln. Dies hat meist eine schleichende Entfremdung zur Folge und verringert die Fähigkeit, von sich zu sprechen, Verschiedenheiten zu ertragen und Konflikte zu meistern. Da sich auch heute noch die Mehrheit aller jungen Menschen als festen Teil ihrer Zukunftsplanung eine Partnerschaft wünscht, müssen wir alles daransetzen, ihnen rechtzeitig die kommunikativen Voraussetzungen für das Gelingen einer solchen Partnerschaft zu vermitteln – und möglichst selbst vorzuleben! Von einer Standesbeamtin hörte ich kürzlich während einer Trauung den Satz: »Die Ehe ist ein Haus, an dem ihr beide gemeinsam ein Leben lang bauen werdet. Doch der Mörtel zwischen den Steinen, der alles zusammenhält: das ist das Gespräch zwischen euch.«

13. Verschiedenheit anerkennen, Verbundenheit einüben

»Ich halte es nicht für das größte Glück, einen Menschen ganz enträtselt zu haben; ein größeres noch ist es, bei dem, den wir lieben, immer neue Tiefen zu entdecken, die uns immer mehr die Unergründlichkeit seiner Natur ... offenbaren.«

CHRISTIAN MORGENSTERN

Damit eine Beziehung reifen kann, ist es unbedingt notwendig, zunächst einmal die *Andersartigkeit* des Gegenübers anzuerkennen, um sich dann vorsichtig und geduldig auf diese Andersartigkeit zuzubewegen. Anders gesagt: *Gesunde Beziehungen basieren nicht darauf, dass man einander immer ähnlicher wird, sondern darauf, dass man lernt, auf die Unterschiede aufzubauen, um die Verbundenheit zu stärken.*

Darum geht es: »Das Problem in einer Partnerschaft sind nicht die Unterschiede an sich, sondern dass man sie nicht klar und unvoreingenommen wahrnimmt und nicht in der Lage ist, in der Beziehung zum anderen mit den Unterschieden zu arbeiten und daran zu reifen.«[65]

Dies bedeutet, dass jeder Partner im Umgang mit dem anderen lernen sollte, sozusagen zweigleisig zu denken und zu fühlen – analog dazu, dass wir alle *zwei* Augen und *zwei* Ohren haben. Mit dem einen Auge sollte jeder Partner auf sich selbst und die eigenen Bedürfnisse achten, mit dem anderen sollte er die Beziehung, das »Wir« und dessen Bedürfnisse, ins Visier nehmen. Es ist wichtig, mit dem einen Ohr auf die eigene innere Stimme zu hören. Doch es ist genauso wichtig, mit dem anderen Ohr auf das zu hören, was das »Wir« stärken könnte.

---

[65] Samuel Shem/Janet Surrey, Alphabete der Liebe, München 2003, S. 166.

Entscheidend ist jedoch, dass *beide Partner* ein Gefühl für das »Wir« aufbauen, kultivieren und pflegen, denn die Situationen und Erfahrungen der *Unverbundenheit* sind im Alltag enorm zahlreich, zumal in der Zeit der Berufstätigkeit. Wenn aber die Sensibilität für das »Wir« verkümmert oder fehlt, dann gewinnt im Lauf der Zeit die Unverbundenheit das Übergewicht. Die Folge ist ein immer tieferes inneres Getrenntsein. Denn einen Stillstand gibt es nicht. *Beziehungen sind immer in Bewegung – entweder in Richtung auf eine größere Verbundenheit oder in Richtung auf eine größere Unverbundenheit.*

Meist sind es, wie schon erwähnt, die *Frauen*, die auf mehr Verbundenheit Wert legen – und es sind die Männer, die nicht selten mit Widerstand reagieren. Die stärkere Beziehungsorientierung der Frauen macht Männern leicht Angst – sie fürchten, einen Teil ihrer Freiheit, aber auch ihrer inneren und äußeren Unabhängigkeit zu verlieren. Sie fürchten, den Beziehungserwartungen der Frau nicht gewachsen zu sein, ihr das nicht geben zu können oder zu wollen, was sie erwartet. Man kann sagen: Die Beziehungssehnsucht der Frau trifft auf die Angst des Mannes – was zum Rückzug des Mannes führt. Dies veranlasst die Frau meist, sich noch stärker um Verbundenheit zu bemühen, was wiederum den Rückzug des Mannes verstärkt usw. Gibt es einen Ausweg aus dieser Beziehungssackgasse?

> In unserer heutigen Zeit, die Selbstentfaltung, persönliche Freiheit und Autonomie als oberste Werte propagiert, gerät etwas Entscheidendes immer mehr in Vergessenheit: »Die Verbundenheit mit anderen Menschen ist der Dreh- und Angelpunkt einer gesunden psychischen Entwicklung. Unsere psychische Stabilität und unser Glück hängen direkt mit der Qualität unserer Beziehungen zusammen.«[66]

---

[66] Alphabete der Liebe, S. 20.

> Diese Qualität wiederum wird davon geprägt, ob wir in der Lage sind, enge und vertraute Beziehungen einzugehen und uns gegenseitig in unserer Entwicklung zu fördern.

Wenn Frauen und Männer eine enge Beziehung zu einem Angehörigen des anderen Geschlechts aufbauen wollen, so wäre es für Frauen gut zu wissen, dass Männer mehr Zeit für den *Reaktionsprozess* brauchen, wenn sie auf Gefühle eingehen oder selbst Gefühle zum Ausdruck bringen wollen. Mit Drängen und bohrenden Fragen lässt sich hier nichts erzwingen, allerdings ist Beharrlichkeit, Dranbleiben am Thema wichtig!

Außerdem sollten beide Partner begreifen, dass sie, um das »Wir« zu stärken, ein Stück ihres »Ichs« zumindest zeitweise zurücknehmen müssen. Eine Frau, die dem Mann seinen Wunsch nach einer gewissen Freiheit in der Beziehung zugesteht, muss ihr eigenes Bedürfnis nach Nähe und Verbindlichkeit möglicherweise in einigen Punkten zurückschrauben. Umgekehrt kann der Mann, der den Wunsch seiner Partnerin nach mehr »Wir« respektiert, seinen eigenen Drang nach Selbstbestimmung und Unabhängigkeit nicht ungehemmt ausleben, andernfalls kann kein »Wir« wachsen.

Ohne diese *beiderseitige* Bereitschaft, auf die Andersartigkeit des anderen mitsamt den damit verbundenen Bedürfnissen und Grenzen Rücksicht zu nehmen und dafür auch Opfer zu bringen, wird die Verbundenheit nicht wachsen. Doch entscheidend ist die Frage: Wie gehen wir mit Momenten und Erfahrungen der *intensiven Unverbundenheit* um?

Shem und Surrey stellen fest: Wenn sich ein Paar in einer Beziehungssackgasse bzw. in einem Zustand der Unverbundenheit befindet, wie es beispielsweise während und nach einem Streit der Fall ist, so besteht die Gefahr, dass beide anfangen, sich in das »Ich« und das »Du« – vor allem das anklagende »Du« (»Du bist nicht ... hast nicht ... – wenn du anders wärst ...«) – zurückzuziehen. »Nur wenn einer oder beide Partner in diesen Anfangsmomenten die Geistesgegenwart aufbringen und fragen: Wo ist das ›Wir‹ in diesem Augenblick?, können sie die Situation noch verändern und das Trennende in etwas Verbindendes verwandeln. Wenn das nicht gelingt, wird der Knoten immer fester, und die Beziehung driftet unaufhaltsam in eine Sackgasse.«[67]

Von den vielen Anregungen, die Shem und Surrey geben, um als Paar eine Sensibilität für das »Wir« zu entwickeln, erscheinen mir folgende besonders wichtig[68]:

- **Anerkennen, dass die Verbundenheit an erster Stelle steht**
  Wenn sich ein Paar im Tiefsten miteinander verbunden fühlt, kann es über alles Mögliche gut reden; wenn es sich unverbunden fühlt, über nichts. Denn es führt nicht weiter, auch dann noch miteinander zu reden, wenn die innere Verbindung abgerissen ist.

- **Gefährdungspunkte des »Wir« erkennen**
  In jeder Beziehung gibt es – regelmäßige oder unregelmäßige – Situationen oder Zeiten, in denen das Gefühl der Verbundenheit in Gefahr gerät. Dies kann z.b. sein, wenn man sich tagelang nicht gesehen hat, oder in Phasen, in denen die Beschäftigung mit Dritten (Kindern, Kollegen etc.) einen oder beide Partner vollkommen mit Beschlag belegt. Auch nach Diskussionen, die vorläufig ohne Lösung enden, oder wenn körperliche Nähe und Sexualität längere Zeit fehlen, können solche Gefährdungen entstehen. Sie müssen rechtzeitig erkannt werden.

- **Das »Wir« durch die Phasen der Unverbundenheit aufrechterhalten**
  Hier ist es hilfreich, kleine Rituale zu entwickeln, in denen auch ohne längeres Gespräch immer wieder eine Art seelischer Kontaktaufnahme mit dem anderen erfolgt. Sei es, dass man den Partner tagsüber einmal anruft oder ihm eine E-Mail schreibt; sei es, dass man ihm mit einer kleinen Geste oder Aufmerksamkeit Nähe signa-

---

[67] Alphabete der Liebe, S. 224f.
[68] Ebd., S. 242ff.

lisiert ... – wichtig ist, dass *beide* Partner lernen, Verantwortung dafür zu übernehmen, dass die Unverbundenheit nicht die Oberhand gewinnt, und dass sie möglicherweise eine gemeinsame »Geheimsprache« entwickeln, um Signale der Verbundenheit auszutauschen.

- **Humor als Mittel der Verbundenheit erkennen und einsetzen**
  Humor hat die wunderbare Eigenschaft, in einem Moment äußersten Getrenntseins plötzlich ein Bewusstsein der tiefen inneren Verbundenheit zwischen zwei Menschen zu schaffen. Es ist, als ob ein Sonnenstrahl durch die dunkle Wolkendecke hindurchdringt – und alles ist mit einem Mal in ein anderes Licht getaucht.

  Da ist man mitten in einem erbitterten Wortwechsel – und plötzlich macht einer der beiden eine humorvolle Bemerkung, die dem anderen signalisiert: »Die Sache ist nicht so wichtig, wie wir beide im Moment denken – wichtig ist vielmehr, dass wir uns lieben!« Eine humorvolle, neckende Geste demonstriert nicht verächtlich, sondern liebevoll: »Entscheidend ist nicht, dass wir uns nicht immer alles geben können – wichtig ist, dass wir einander *haben*!«

  Diese Art von Humor soll natürlich nicht als Ablenkungsmanöver dienen, sondern sie setzt eine Fähigkeit voraus, die man üben muss: die Fähigkeit, zu seinen eigenen Gefühlen mitten in der Situation auf Distanz gehen und sie sozusagen von »höherer Warte« aus betrachten zu können. Dieses Heraustreten aus dem »Ich« gerade in Momenten emotionaler Anspannung ist nur möglich, wenn Menschen auch so etwas wie eine geistig-seelische Distanz zu sich selbst aufbauen können. Es kommt darauf an, sich als Person *ernst, aber nicht zu ernst* zu nehmen. Insofern ist Humor nicht möglich ohne eine gewisse seelische Reife, die den Sprung auf eine höhere Ebene – nämlich die Ebene der Verbundenheit (»wir«) – ermöglicht.

  Manchmal hilft es auch, sich in einer Auseinandersetzung zu fragen: »Wenn ich wüsste, dass mein Partner morgen oder in nächster Zeit sterben müsste – würde ich dann darüber auch noch streiten?« Mir gibt dieser Gedanke immer wieder die Fähigkeit, mich von kleinlichem Ärger schnell wieder zu lösen.

- **In der Gegenwart bleiben**
Auseinandersetzungen führen in die Unverbundenheit (in das »Ich«) – doch wer im Lauf einer Auseinandersetzung auch noch anfängt, frühere Verletzungen und alten Groll aufzutischen, beschleunigt und vertieft das Voneinander-Wegdriften erheblich. Verbundenheit kann nicht rückwirkend, sondern nur in der *Gegenwart* erlebt werden – und alles, was nicht in der Gegenwart spielt, schwächt und belastet diese Verbundenheit. Es ist natürlich unbedingt notwendig, Verletzungen aus früheren Zeiten aufzuarbeiten, aber man sollte sie nicht mit aktuellen Problemen vermischen.

- **Die Pflege des »Wir« als gemeinsame Aufgabe erkennen**
»Einen Menschen lieben heißt: Zeit für ihn haben« steht auf einer Postkarte, die ich besitze. Damit ist gemeint: Verbundenheit wächst nicht dadurch, dass man einander permanent nur »nebenher« wahrnimmt und begegnet.

Ein *Gegenüber* ist der andere nur dann, wenn wir uns immer wieder Zeit nehmen, ihm tatsächlich auch gegenüberzustehen oder -zusitzen. Wir müssen ihm in die Augen schauen, ihn ganz bewusst als Person wahrnehmen und uns ausschließlich auf ihn konzentrieren. Hilfreich kann es sein, hierfür auch einen bestimmten Ort oder ein bestimmtes Ritual zu wählen (manche Paare gehen in ein Restaurant, wenn sie sich intensiv unterhalten möchten, manche gehen gemeinsam spazieren usw.).

Außerdem sollten mehr oder weniger regelmäßige gemeinsame Aktivitäten das »Wir« immer wieder festigen – hier bietet sich (sofern man nicht beruflich zu tun hat) am natürlichsten der Sonntag an, dessen Ursprung darin liegt, dass er der dreifachen Beziehungspflege dienen soll: der Beziehung zu sich selbst, der Beziehung zum Nächsten und der Beziehung zu Gott.

14. Auch positive Gefühle und Gedanken ausdrücken

»Ich danke dir mein Wohl, mein Glück in diesem Leben,
ich tat wohl gut, dass ich dich fand;
doch ich fand nicht – Gott hat dich mir gegeben:
so segnet keine andere Hand.«
MATTHIAS CLAUDIUS ZUR SILBERNEN HOCHZEIT AN SEINE FRAU REBEKKA

Nach einem Vortrag über Kommunikation kam einmal eine Frau mittleren Alters mit bekümmerter Miene auf mich zu und sagte: »Frau Weingardt, ich habe ein Problem: Mein Mann lässt sich überhaupt *nichts* von mir sagen. Er kann absolut keine Kritik ertragen, sondern reagiert furchtbar empfindlich. Was kann man denn da machen?« Spontan fragte ich zurück: »Ja, loben Sie ihn auch gelegentlich?« Die Frau schaute mich entgeistert und, wie mir schien, minutenlang an und entgegnete mit allem Nachdruck, den sie in ihre leidende Stimme legen konnte: »Da gibt's nichts zu loben!!!« – »Dann«, sagte ich, »brauchen Sie sich auch nicht zu wundern, dass er so empfindlich ist. Auch Männer brauchen Lob!«

Wenn ich in meinen Vorträgen diese Episode erzähle, reagieren die Zuhörer(innen) meist mit schallendem Gelächter. Zu offensichtlich ist die einseitige Wahrnehmung der Frau, zu offensichtlich auch die Ungerechtigkeit, die in ihrem ratlosen, aber ehrlich gemeinten Urteil über ihren Ehemann durchscheint. Nicht zuletzt ist ihr fassungsloses Erstaunen, mit dem sie auf meine Frage reagierte, höchst verräterisch: Wie soll ein Mann sich wohlfühlen an der Seite einer Frau, die nichts, aber auch gar nichts Positives mehr an ihm erkennen kann?

Hier wäre es vonseiten dieser Frau nur konsequent, die Beziehung zu beenden, anstatt den Partner mit Kritik und »Umerziehungsversuchen« noch mehr in den Rückzug zu treiben. Doch auch der frustrierte Mann müsste irgendwann Konsequenzen ziehen, indem er das Wort ergreift und sagt: »Hör mal, wenn du an mir nur noch Eigenschaften findest, die dir nicht gefallen, dann hat es für uns beide keinen Sinn mehr, uns gegenseitig das Leben schwer zu machen.« Doch trotz dieses beiderseitigen Leidens aneinander dauern solche Ehen – von denen es ja nicht wenige gibt – oft lebenslang, weil keiner von beiden Partnern den Mut oder die Kraft hat, einen Schnitt zu machen – und weil häufig auch materielle und praktische Gründe gegen eine Trennung sprechen. Nicht zuletzt scheinen viele ältere Menschen nach der Devise zu leben: »Jemanden zu haben, über den man sich ärgern kann, ist immer noch besser, als niemanden zu haben ...«

Tatsache ist zum einen, dass es mit zunehmender Dauer einer Partnerschaft in der Tat schwieriger wird, die positiven Eigenschaften des Partners bewusst und wertschätzend wahrzunehmen. Tatsache ist zum Zweiten, dass es mit zunehmender Dauer einer Lebensgemeinschaft – zumal wenn gemeinsame Kinder oder Enkel da sind – auch schwieriger wird, sich zu trennen.

Und Tatsache ist zum Dritten, dass wir in einer Gesellschaft leben, die dem Ausdrücken von Kritik und Unzufriedenheit wesentlich mehr Raum und Bedeutung beimisst als dem Mitteilen von Lob, Dankbarkeit oder Zufriedenheit. Die Schwaben, zu denen ich selbst gehöre, haben aus diesem riesigen Ungleichgewicht zwischen geäußertem Lob und geäußertem Tadel sogar noch eine Art bewusster Lebenshaltung gemacht, indem sie das Sprichwort schufen: »Net g'schempft isch gnuag g'lobt!«, auf Schriftdeutsch: »Nicht geschimpft ist genug gelobt!«

Wer nach diesem Grundsatz seine Partnerschaft gestaltet, seine Kinder erzieht, mit Familienmitgliedern und Freunden, Kollegen und Mitarbeitern umgeht, macht es sich kurzfristig leicht und langfristig schwer. Kurzfristig leicht: weil er sich die Mühe spart, das Positive in der Person oder im Verhalten des anderen erstens wahrzunehmen, zweitens wichtig zu nehmen und drittens zur Sprache zu bringen. Langfristig hat diese »Ersparnis« jedoch verheerende Auswirkungen, denn keine Beziehung hält es aus, wenn nur das

Negative zurückgemeldet wird, sprich: wenn nur gesagt wird, was es zu kritisieren, zu beanstanden, zu tadeln gibt. Im Gegenteil, die Verbindung wird immer belastender, angespannter, unangenehmer für beide Seiten: Der Kritisierte verliert aufgrund der einseitigen Rückmeldungen zunehmend die Lust, auf die angemahnten Punkte überhaupt noch einzugehen und zu reagieren. Er oder sie legt sich stattdessen eine Haltung zu, die man als »inneren Rückzug« bezeichnen kann: »Da ich machen kann, was ich will, ohne dafür Anerkennung zu bekommen, kann ich's auch bleiben lassen und meine Anstrengungen aufs Allernotwendigste beschränken.« Es ist sozusagen ein Akt des *Selbstschutzes*, wenn der Partner sich gegen neue Angriffe und Infragestellungen dadurch wappnet, dass er sich den Panzer der Gleichgültigkeit und inneren Distanz zum Kritiker zulegt. Darüber hinaus hat permanentes oder überwiegendes Nörgeln und Kritisieren eine enorm ansteckende Wirkung, was in dem Sprichwort deutlich wird: »Wie es in den Wald hineinschallt, so hallt es zurück.«

Doch es geht in diesem Buch nicht um unser Beziehungsleben allgemein, sondern um die Beziehungen zwischen Männern und Frauen. Gerade hier kann es selbstverständlich keine aufrichtige Kommunikation geben, ohne dass es gelegentlich zu Äußerungen der Kritik, der Unzufriedenheit, des Ärgers oder der Frustration bezüglich des Partners oder der Partnerschaft kommt. Das darf auch sein – ja, das muss sogar sein! Kein Mensch ist schließlich fehlerlos, kein Mensch macht alles richtig, kein Mensch erlebt sich selbst so, wie das Gegenüber ihn erlebt. Deswegen ist jeder auf kritisch-ehrliche Rückmeldungen vom anderen angewiesen, besonders von seinem Nächsten. Doch wo Menschen alle Kritik, allen Tadel, alle Vorwürfe oder Angriffe nur stillschweigend schlucken und hinnehmen, anstatt sich ihrerseits kritisch damit auseinanderzusetzen, besteht die Gefahr, dass sie sich dabei irgendwann über-nehmen, d.h. an ihre eigenen Belastungsgrenzen kommen. Damit ist eine weitere Gefahr verbunden: dass sich in ihnen ein ungeheurer Vorrat an unterdrückter Wut, Enttäuschung oder Trauer anstaut, der irgendwann explodieren oder implodieren kann. Im Fall der Explosion richtet sich der angestaute Druck nach außen, gegen die Umwelt (vgl. den Ausdruck »platzen vor Wut«), im Fall der Implosion richtet er sich gegen die eigene Person, es sei auf körperlicher oder seelischer Ebene (z.B. in Form von psychosomatischen oder psychischen Krankheiten).

Doch weshalb fällt es uns selbst – oder gerade – in unseren engsten Beziehungen oft so schwer, dem Positiven genauso viel Gewicht in unserer Wahrnehmung und genauso viel Raum in unseren Gesprächen und Rückmeldungen zu geben wie dem Negativen? Aus biologischer und psychologischer Sicht kann man sagen: Der Körper, aber auch die Seele sind darauf programmiert, immer nur dann Alarm zu schlagen, wenn sich etwas *gegen* ihre Bedürfnisse richtet, sprich: wenn etwas sie in ihrem Wohlbefinden oder ihrer Funktionstüchtigkeit aufs Empfindlichste bedroht. Wenn dies *nicht* der Fall ist und alles in Ordnung ist, senden weder der Körper noch die Seele irgendwelche »Wohlfühlsignale«.

Ein Beispiel: Wenn wir frieren, sorgt das Gehirn dafür, dass wir uns an diesen Zustand nicht gewöhnen, weil er lebensgefährlich für uns ist. Wir empfinden deshalb permanent das unbehagliche Gefühl des Frierens. Sobald wir endlich ins Warme kommen, gibt das Gehirn noch ein kurzes Lustsignal: »Ah, wie schön, Wärme umfängt mich!«

Doch dann tritt ungeheuer schnell der Zustand der Gewöhnung ein, der darin besteht, dass wir die angenehme Wärme nach kürzester Zeit nicht mehr bewusst wahrnehmen. Das Gehirn kann sich dadurch wieder auf anderes konzentrieren. Das Gleiche geschieht, wenn wir hungrig sind: Der Körper erinnert uns unablässig – zur Not über Stunden, ja, Tage und Wochen – daran, dass wir dringend etwas essen sollten, denn das sichert unser Überleben. Doch *wenn* wir dann zu essen bekommen oder gegessen haben, signalisiert er uns nur kurz lustvolle Erleichterung (»Endlich!«; »Es schmeckt köstlich!«), gefolgt von einem Entwarnungssignal: »Ich bin satt – alles in Ordnung!« Wir sitzen deshalb in der Regel nicht stundenlang nach einem Essen noch da und sagen voller Behagen: »Ach, wie wunderbar, dass ich wieder essen durfte und satt bin!« Man kann dieses konsequente Sparprinzip des menschlichen Gehirns beklagen[69]– es ändert aber nichts an den Tatsachen.

Genau das Gleiche geschieht – leider! – auch auf geistig-seelischer Ebene: Ein emotionaler oder kognitiver Mangelzustand (z.b. Langeweile, Einsamkeit, Enttäuschung, Traurigkeit) wird von uns sehr bewusst wahrgenommen, doch die Behebung des Mangels verliert schon nach kurzer Zeit ihren »Belohnungswert«, d.h., sie wird nicht mehr bewusst als höchst beglückend erlebt.

Sehr anschaulich kommt dies in einer schwäbischen Anekdote zum Ausdruck: Ein einsamer alter Junggeselle findet schließlich doch noch eine Frau und heiratet. Als er einige Zeit danach einen Freund trifft, der immer noch ledig ist, fragt ihn dieser neugierig, aber auch etwas neidvoll: »Und, wie ist das jetzt für dich, verheiratet zu sein?« Worauf der Gefragte antwortet: »Na ja, ledig sein ist halt auf die Dauer auch nicht das Wahre.« In dieser Antwort wird deutlich, dass dem Ehemann offensichtlich schon nach kurzer Zeit eine ganze Menge Nachteile seines neuen Familienstandes aufgefallen sind. Nachteile, welche die große Freude, nun nicht mehr allein zu sein, schon gewaltig gedämpft haben. An das Gute gewöhnt man sich eben verflixt schnell, auch in Partnerschaften, während man sich am weniger Guten unablässig reibt. All das Angenehme, das die Gegenwart und Zuneigung der anderen Person verkörpert und mit sich bringt, ist sozusagen wie ein weiches Sofa, in das man sich fallen lässt. Nach einiger Zeit denkt man gar nicht mehr darüber nach, wie bequem es sich doch darauf sitzt, wohingegen das, was uns am anderen missfällt, mit einer harten Bank zu vergleichen ist: Schon nach kurzem Sitzen empfängt man erste Schmerzsignale aus verschiedenen Körperregionen – die steile Lehne drückt in den Rücken, die harte Sitzfläche malträtiert das Hinterteil usw.

---

[69] Einer unser Psychologieprofessoren pflegte zu sagen: »Das Gehirn ist nicht auf Glück programmiert, sondern lediglich auf die Vermeidung von Unglück, meine Damen und Herren!«

Fazit: Jene Eigenschaften und Verhaltensweisen des Partners, die uns gegen den Strich gehen, uns stören oder missfallen, fallen uns im Lauf einer Partnerschaft sehr schnell und sehr anhaltend ins Auge. Für all das Angenehme, Erfreuliche, Liebens- und Lobenswerte in seinem Wesen, seinen Worten und Taten, werden wir oft fast genauso schnell blind. Es fällt uns weder ins Auge noch ins Herz, sodass auch keinerlei Signale aus unserer Innen- oder Außenwelt uns zwingen, darüber nachzudenken oder gar: uns darüber zu freuen. Es ist die Aufgabe des Intellekts, des bewussten Nachdenkens, uns Folgendes immer wieder ins Bewusstsein zu rufen:

▶ Jeder Mensch besteht nicht nur aus Schwächen und Fehlern, sondern ebenso auch aus Vorzügen und Stärken. Jeder Mensch hat neben manch Tadelnswertem auch viel Liebenswertes an sich. Man muss es allerdings aufmerksam wahrnehmen!

▶ Nichts Positives, was wir von anderen Menschen (sie mögen uns fern- oder nahestehen) empfangen, ist selbstverständlich – genauso wenig, wie es das Negative ist. Deshalb sollten wir uns auch an das Positive genauso wenig gewöhnen wie an das Negative, sondern uns täglich aufs Neue klarmachen: Das Gute, das durch einen anderen Menschen in mein Leben kommt, ist immer ein Geschenk. Ich kann darauf weder einen Anspruch erheben noch meinen, es sei doch »selbstverständlich«. Das ist es auf gar keinen Fall, denn es könnte ja jederzeit schlagartig ein Ende haben – oder es könnte auch ganz anders sein!

▶ Jeder Mensch braucht kritische Rückmeldungen, um sich zu entwickeln. Aber er braucht noch wesentlich mehr Anerkennung und Wertschätzung, die sein Selbstvertrauen und sein Selbstwertgefühl stärken. Nur auf der Basis eines guten Selbstwertgefühls kann es der Mensch »verkraften« und konstruktiv verarbeiten, wenn seine eigene Person gelegentlich infrage gestellt wird.

▶ Wenn wir es an positiver Wertschätzung und anerkennenden Signalen in unseren engsten Beziehungen fehlen lassen, so überwiegt bald die negative Kommunikation. Dies führt zunächst meist zu unerfreulichen Kommunikationszirkeln, aber zunehmend auch zum gegenseitigen inneren Rückzug. Was wiederum einer schleichenden Aushöhlung der Partnerschaft gleichkommt! Oft genügt dann ein vermeintlich mehr Anerkennung bietender anderer Mensch im persönlichen Umfeld, damit einer der beiden Partner sich endgültig aus der Beziehung verabschiedet (»Beim nächsten Mann wird alles anders« – »Neue Liebe, neues Glück!«).

Doch warum fällt es uns gerade bei dem Menschen, der uns am nächsten steht, sprich: dem eigenen Partner, oft besonders schwer, auch nach jahrelangem Zusammenleben das Gute noch klar zu erkennen und hoch zu bewerten? Ich denke, dass Glück immer auch das Kontrasterlebnis – selbst erlebt oder bei anderen beobachtet oder durch Nachdenken und angeeignetes Wissen erworben – voraussetzt. Wer nie hungerte, kann den Segen eines reich gedeckten Tisches nicht wirklich schätzen. Wer nie fror, kann das Glück einer warmen Stube nicht wirklich ermessen. Wer nie krank war, meint, gesund zu sein sei selbstverständlich. Und keine Erholung, kein Ausruhen ist so schön wie das nach schwerer Arbeit. Kein Glas Wasser schmeckt so gut wie das, was nach stundenlangem Dürsten getrunken wird. Die Reihe der Beispiele ließe sich beliebig verlängern.

Naturgemäß fehlen in einer von Treue geprägten Partnerschaft im Lauf der Zeit bestimmte »Kontrasterlebnisse«. Wenn wir uns für einen Menschen als Lebenspartner entscheiden, so bedeutet dies in der Regel, dass unser früheres Alleinleben recht schnell in der Erinnerung verblasst. Außerdem bringt eine solche Partnerschaft mit sich, dass uns andere Männer bzw. Frauen (d.h. Angehörige des anderen Geschlechts) emotional eher fernrücken, abgesehen von Geschwistern und anderen altvertrauten Freunden, Bekannten oder Familienmitgliedern. Es fehlt dadurch jedoch häufig der konkrete Vergleich, der uns sozusagen wieder bewusst macht, was wir am anderen haben, was ihn auszeichnet.[70]

---

[70] Es ist ein Kennzeichen lang verheirateter glücklicher Paare, dass sie sich das Gefühl für die Besonderheit ihres Partners bewahren konnten und in ihm einen im positiven Sinn ungewöhnlichen Menschen sehen!

Ich erinnere mich gut: Als ich selbst noch Single war, habe ich nicht selten verwundert beobachtet, wie geringschätzig und kritisch verheiratete Frauen über ihre Männer sprachen oder mit ihnen umgingen. Es lag mir oft auf der Zunge, ihnen zu sagen: »Ihr wisst gar nicht, was ihr an eurem Partner habt. Ihr schätzt seine Vorzüge nicht – *ich* sehe sie sehr wohl! Ihr müsstet wohl einmal eine Zeit lang allein leben, um wieder zu erkennen, wie gut es euch geht!« Und in der Tat – oft habe ich erlebt, dass erst der Tod des Lebensgefährten den Menschen schlagartig klarmacht, wie viel Farbe und Bereicherung dieser (wenn auch manchmal anstrengende oder schwierige) Mensch an ihrer Seite in ihr Leben brachte. Auch ein Weggehen des Partners löst häufig diese blitzartige Erkenntnis aus – dann ist es jedoch meist zu spät. Zu Recht sagt ein altes Sprichwort: »Was man hatte, schätzt man erst, wenn man es verloren hat.« Doch das muss nicht so sein!

Wenn man über den anderen seufzt oder stöhnt, sollte man sich deswegen immer wieder einmal fragen: »Ginge es mir wirklich besser, wenn ich allein wäre? Ich hätte dann zwar mit Sicherheit ein paar Probleme weniger – aber dafür eine Menge neuer, anderer Probleme!« Und es ist darüber hinaus hilfreich, im Geist immer wieder einen Schritt zurückzutreten und sich das menschliche Kunstwerk »mein Partner« aus etwas mehr Distanz anzuschauen.[71] Allzu viel Nähe schafft nämlich auch häufig eine gewisse Blindheit, vergleichbar dem Betrachter, der zu nahe vor einem Bild oder einem kunstvoll gewobenen Teppich steht und nur ein Wirrwarr von Linien und Farben, aber keine wohldurchdachten Muster mehr erkennen kann.

Höchst hilfreich ist es auch, zu hören, wie *andere Menschen* den eigenen Partner wahrnehmen und einschätzen. Natürlich kennen und erleben sie ihn nicht so intim und ungeschminkt, wie wir ihn im Alltag wahrnehmen. Dennoch sollten wir ihre Worte nicht sofort in den Wind schlagen mit der Bemerkung: »Du kennst ihn/sie nicht so gut wie ich!« Denn sie öffnen uns nicht selten die Augen für das

---

[71] Manchmal genügt dafür auch eine räumliche Trennung, z.B. wenn einer der Partner auf längere Zeit verreist oder im Krankenhaus weilt.

Kostbare und Besondere am Partner – für das, was wir möglicherweise schon lange nicht mehr bewusst wahrnehmen und nicht mehr genügend würdigen. An dieser Stelle könnte man allerdings einwenden, dass sich Anerkennung und Wertschätzung auf mannigfaltige Weise mitteilen lassen – und nur eine davon ist die Sprache. Das ist richtig. Formen der stillschweigenden Liebe und Achtung vor dem anderen, auch der stillschweigend übernommenen Verantwortung gehören zu einer Partnerschaft selbstverständlich dazu. Denn was nutzen die schönsten Liebesbeteuerungen, wenn im *Verhalten* des Liebenden davon wenig zu erkennen ist? Man glaubt sie ihm im Lauf der Zeit immer weniger und denkt sinngemäß: »Der Worte sind genug gewechselt, lasst mich auch endlich Taten sehn!«[72] Solche Haltungen und Handlungen, Formen und Gesten der Liebe und Wertschätzung können beispielsweise sein:

- Materielle Versorgung und Großzügigkeit
  Man schafft materielle Voraussetzungen, um dem Partner ein sicheres oder gutes Leben zu ermöglichen. Untersuchungen haben ergeben, dass in allen Ländern *großzügige* Männer von Frauen als besonders attraktiv empfunden werden (was schon deswegen nicht weiter verwundert, weil der Großteil der Frauen immer noch in hohem Maß materiell von den Männern abhängig ist).

- Zuverlässigkeit
  Die Bereitschaft, zu seinem Wort zu stehen, ist eine Form der Wertschätzung des anderen, denn man hat den Wunsch, sein Vertrauen nicht zu enttäuschen.

- Treue
  Sie setzt ebenfalls voraus, dass man das Vertrauen des anderen nicht missbrauchen möchte, sondern ihm eine exklusive Position im eigenen Leben zugesteht.

[72] Johann Wolfgang von Goethe in »Faust«

- Solidarität und Loyalität in Notzeiten
  Auch dieses Verhalten verlangt, wenn es nicht nur aus anerzogenem Pflichtgefühl geschieht, eine Haltung der Liebe und Verbundenheit: »Du bist es mir wert, dass ich auch dann zu dir stehe, wenn es für mich selbst mit Einschränkungen und Opfern verbunden ist.«

- Verzicht auf Angriffe und Bloßstellungen in der Öffentlichkeit
  Gegenseitige Achtung zeigt sich auch darin, dass man die Würde des Partners respektiert und in Gegenwart Dritter auf abwertende oder beschämende Äußerungen und Handlungen verzichtet. Dazu gehört auch, dass man dem Partner im Beisein der Kinder weder mit Worten noch Taten in den Rücken fällt (es sei denn, er übt mit Worten oder Taten Gewalt aus).

- Geduld und Toleranz
  Gerade in der Bereitschaft zur Geduld und Toleranz gegenüber den Eigenarten und Schwächen des Partners kommt sehr viel Wertschätzung zum Ausdruck, sofern diese Toleranz keiner Resignation oder Ohnmacht, sondern ehrlicher Zuneigung entspringt.

- Grenzen respektieren
  Es kostet unter Umständen einige Überwindung, den Wunsch nach persönlichen Freiräumen des Partners anzuerkennen (z.B. eine Rückzugsmöglichkeit im Haus zu haben, ein Hobby oder eine Freundschaft zu pflegen, ohne den Partner mit einzubeziehen) und die damit verbundenen Grenzen der Nähe zu akzeptieren. Doch zu jeder guten Beziehung gehören auch klare Grenzen!

- Kleine Gesten der Aufmerksamkeit
  In einer Geste der Fürsorge oder Zuvorkommenheit, einem kleinen Geschenk kann sehr viel Zuneigung verpackt sein: Blumen – nicht nur zum Geburtstag; dem anderen bewusst eine Freude machen, ihn immer wieder überraschen, sei es durch eigene Arbeit, sei es durch einen Vorschlag, einen spontanen Kauf, einen kleinen Brief, eine schöne Postkarte, das Abnehmen einer Last.

- Zärtlichkeit und körperliche Nähe
  Wir Menschen *haben* nicht nur einen Körper, sondern wir *leben* in diesem Körper. Wer ihm Gutes tut und liebevoll mit ihm umgeht, tut auch unserer Seele Gutes. Wie wir einander anschauen, uns zulächeln, wie wir die Stimme verändern, wenn wir miteinander sprechen – das alles kann Liebe und Wertschätzung signalisieren, oder Gleichgültigkeit und Geringschätzung. Berührungen über den Tag verstreut und die körperliche Nähe können Anerkennung und einfühlsame Zuneigung ausdrücken – oder eben gedankenlose Vertrautheit ohne emotionalen Tiefgang.

- Sexualität
  Wie schon bereits erörtert, bedarf eine erfüllte Sexualität auch des offenen Gesprächs. Es ist extrem unwahrscheinlich, dass zwei Menschen, dazu noch verschiedenen Geschlechts, zufällig die gleichen Prägungen, Erwartungen und Bedürfnisse in sexueller Hinsicht haben. Wer hier, wie es viele tun, naiv auf »stillschweigendes Einvernehmen« hofft, wird meist enttäuscht. Wer daraufhin mit wortlosen Signalen (früh schlafen gehen, Unpässlichkeiten geltend machen oder vortäuschen, auf Annäherungsversuche nicht reagieren etc.) die verschiedenen Wünsche »ausbalancieren« will, merkt bald – oder auch nicht –, dass er damit nur Frustration und Verletzungen auslöst, jedoch keine für beide Partner konstruktive Lösung. – Man kann ohne Übertreibung sagen: Auch eine befriedigende Sexualität setzt die Fähigkeit zum vertrauensvollen, ehrlichen Gespräch der Partner voraus, in dem sie lernen, die unterschiedlichen Bedürfnisse zu äußern, sie zu respektieren und für beide Seiten befriedigende Lösungen zu finden.

- Gemeinsame Aktivitäten
  Gemeinsame Unternehmungen wie Urlaub, Sport, Wandern, Besuch kultureller und religiöser Veranstaltungen sind für die Festigung einer Partnerschaft enorm wichtig, sofern man nicht nur nebeneinander, sondern miteinander etwas erlebt. Auch hier kann es sein, dass einer der Partner weniger Interesse hat. Doch gerade dann

kann er seine Wertschätzung ausdrücken, indem er den Wunsch des anderen, ihn zu begleiten und Anteil zu nehmen, erfüllt, so weit es seine Zeit und Kraft zulassen.

- **Das Alter planen**
Es gehört zur gegenseitigen Verantwortung in einer Partnerschaft, vor den Herausforderungen und Risiken des Alters den Kopf nicht in den Sand zu stecken, sondern – auch im Interesse einer beiderseitigen Entlastung – möglichst vieles im Voraus gemeinsam zu entscheiden und zu regeln. Hierzu gehören Fragen des Wohnens, der Pflege, der Patientenverfügung, des Testaments, der Maßnahmen im Todesfall usw. Wer lediglich hofft, möglichst schnell und vor dem Partner zu sterben, offenbart wenig Verantwortungsgefühl.

Viele Menschen, die in einer intakten Familie aufgewachsen sind, haben die hier skizzierten Formen stillschweigender Anerkennung und Wertschätzung als Kinder zumindest in Ausschnitten erfahren, beobachtet und übernommen. Es bildet einen wesentlichen Teil der Erziehung, Kindern solche Formen zu vermitteln. Dazu gehört selbstverständlich auch: sie ihnen vorzuleben, und zwar sowohl in der Beziehung der Eltern untereinander als auch in ihrem Verhalten dem Kind oder den Kindern gegenüber, nicht zu vergessen den Umgang mit anderen Menschen.

Nach zahlreichen persönlichen Gesprächen mit älteren und jüngeren Menschen habe ich jedoch den Eindruck, dass viele von uns es auch bei äußerlich intaktem Elternhaus nicht erfahren haben, wie wichtig *offene und vertrauensvolle Gespräche* zwischen Partnern, aber auch zwischen Eltern und Kindern sind. Nicht zuletzt hat ein Großteil der Menschen hierzulande nicht erlebt, wie eminent bedeutsam und wohltuend *Worte der Anerkennung und Zuneigung* im Zusammenleben sind.

Und selbst *wenn* in der Kindheit Lob gespendet wurde, so die Erfahrung vieler Menschen, so war dies doch in der Regel an eine Bedingung geknüpft: Man war besonders brav, besonders tapfer (z.B. beim Arzt), besonders fleißig oder besonders erfolgreich (z.B. in der

Schule). Lob war also an irgendeine Form der Leistung gekoppelt. Und selbstverständlich galt und gilt: Leistung gehört anerkannt. Es ist besser, Lob für Leistung zu erhalten, als überhaupt kein lobendes Wort zu hören. Doch wo blieb und bleibt die Anerkennung *unseres Wesens, unserer Persönlichkeit?* Sie wird ja nicht dadurch zum Ausdruck gebracht, dass der eine Partner dem anderen, Eltern ihren Kindern möglichst viele Wünsche erfüllen oder keine Grenzen setzen, ganz im Gegenteil. Sie wird dadurch erkennbar, dass der eine Partner dem anderen, Eltern ihren Kindern *trotz* mancher Grenzen, die sie setzen oder haben, immer wieder deutlich machen: Wie schön, dass es dich gibt! In einem erfrischend liebevollen christlichen Lied heißt es:

Vergiss es nie:
Niemand denkt und fühlt und handelt so wie du,
und niemand lächelt so, wie du's grad tust.
Vergiss es nie:
Niemand sieht den Himmel ganz genau wie du,
und niemand hat je, was du weißt, gewusst.

Vergiss es nie:
Dein Gesicht hat niemand sonst auf dieser Welt.
Und solche Augen hast alleine du.
Vergiss es nie:
Du bist reich, egal ob mit, ob ohne Geld,
denn du kannst leben; niemand lebt wie du.

Du bist gewollt,
kein Kind des Zufalls,
keine Laune der Natur,
ganz egal,
ob du dein Lebenslied
in Moll singst oder Dur.
Du bist
ein Gedanke Gottes,

ein genialer noch dazu!
Du bist du!
Das ist der Clou, ja der Clou!
Ja du bist du![73]

Denn eines ist sicher: Wir lieben Menschen letzten Endes nicht deswegen, weil sie bestimmte *Leistungen* (für uns) erbringen, sondern *wir lieben sie, weil sie mit ihrem Dasein und ihrem So-Sein unser Leben bereichern.* Doch genau dies verraten wir ihnen nicht, oder: so gut wie nie, oder: viel zu selten, oder: viel zu indirekt.

»Was ich an deiner Art, deinem Wesen so schätze, ist ...« – solch einen Satz zu äußern, bleibt vielen Menschen ein Leben lang verwehrt – leider auch, solch einen Satz zu *hören*. Sie hörten und lernten es als Kinder nicht, und sie sind als Erwachsene nicht in der Lage, dieses Defizit klar zu erkennen und dieses Lernen gezielt nachzuholen. Meist fehlten oder fehlen ihnen Vorbilder – oder es mangelt schlicht und einfach an der Erkenntnis, wie *notwendig* solche Mitteilungen sind (siehe schwäbisches Sprichwort: »Net g'schempft ...!«).

Wann haben Sie selbst zum letzten Mal einem geliebten Menschen gesagt: »Du bereicherst mein Leben!« oder sinngemäß: »Es ist einfach schön, mit dir zu leben/dich zu kennen/dich zu lieben!« Für die allermeisten Menschen ist es nach meiner Erfahrung völlig ungewohnt, diese oder ähnlich klingende Worte – spontan oder nach reiflichem Überlegen – auszusprechen oder zu vernehmen. Und doch, wenn sie gesagt werden, gehören sie zum Kostbarsten und Beglückendsten, was man einander mitteilen, ja: einander schenken kann.

Und was hat dies alles mit unserem Thema zu tun: dass es für Partnerschaften wichtig ist, sich gegenseitig zu öffnen in Freud und Leid? Das eigene Innenleben miteinander zu teilen? Eine ganze Menge, würde ich sagen!

Denn: Seelische Nähe und Verwundbarkeit, die wir in sehr vertrau-

---

[73] Originaltitel: I Got You, Text & Melodie: Paul Janz. Dt. Text: Jürgen Werth. © 1976 Paragon Music, adm. by Small Stone Media B.V., Printrechte für D, A, CH Hänssler Verlag, D-71087 Holzgerlingen.

ten, persönlichen Gesprächen erleben, wird nur dann als positiv und bereichernd erfahren,
- wenn in den Rückmeldungen, Reaktionen und Äußerungen unseres Gegenübers *die Anerkennung unseres (So-)Seins und unserer Person überwiegt;*
- wenn wir uns durch den anderen gestärkt und gestützt fühlen, trotz seiner kritischen Bemerkungen oder Rückfragen;
- wenn wir zwischen allen negativen oder tadelnden Worten dennoch eine grundlegende Wertschätzung und Achtung unserem Wesen gegenüber hören oder spüren.

Ist dies *nicht oder nur sehr eingeschränkt* der Fall, wird die Bereitschaft, sich im Gespräch dem anderen zu öffnen, dabei auch Schwachstellen und wunde Punkte zur Diskussion zu stellen und mitzuteilen, immer mehr schwinden und einer inneren und äußeren Distanz Platz machen. Diese Entwicklung zeigt sich entweder in sehr reduzierter Kommunikation oder aber in auffallend oberflächlich-banalen, unverbindlichen Kommunikationsinhalten. Jeder Partner – oder auch nur einer von beiden – wahrt dadurch sozusagen Sicherheitsabstand, weil ihm alles andere an Gesprächsinhalten als zu riskant und verletzungsträchtig erscheint. Wenn es dennoch zu verbalen Zusammenstößen kommt, dann meist aufgrund von geringfügigen Anlässen, die jedoch, genauer besehen, auf ein tiefer liegendes Kernproblem verweisen. Oft fällt auch eine gewisse Gereiztheit im Ton auf, die verborgene Spannungen in der Beziehung andeutet. Da diese Spannungen aus Angst vor Frustration und Enttäuschung, vor Zurückweisung und Verletzung nicht (mehr) angesprochen werden, müssen Kleinigkeiten, ja, Trivialitäten als Kommunikationsinhalte und vor allem als »Dampfventile« herhalten. Eine schlechte Lösung, ja, man könnte auch sagen: eine Zeitbombe! Darum: Das eine tun – nämlich einüben, den anderen aus- und nachdrücklich in Worten und Gesten anzuerkennen[74] – und das andere nicht lassen: nämlich auch kritische Punkte hin und wieder zur Sprache bringen, anstatt sie mutlos oder resigniert totzuschweigen.

[74] Hier spielt auch die Körpersprache – anerkennende Blicke, Gesten und Berührungen sowie Zärtlichkeiten aller Art – eine sehr wichtige Rolle!

15. Gut miteinander leben heißt gut miteinander kommunizieren

»Wer verheiratet ist, lebt nicht länger –
aber es kommt ihm so vor!«

SPRUCH AUF EINER POSTKARTE, VERFASSER UNBEKANNT

Nach dem bisher Gesagten dürfte es keinen Zweifel mehr daran geben: Für eine Frau und einen Mann, die miteinander in einer verbindlichen und intensiven Partnerschaft leben, ist es unabdingbar, eine Kultur des offenen Gesprächs zu entwickeln. Auch wenn die Frau darauf von Natur aus möglicherweise mehr Wert legt als der Mann – allerdings kenne ich auch Partnerschaften, in denen es umgekehrt ist –, darf dies für den Mann kein Grund sein, sich diesem Austausch zu verweigern bzw. es so weit und so lange und so oft wie möglich von sich wegzuschieben. Sein möglicherweise fehlendes Bedürfnis nach solchen Gesprächen entspringt wahrscheinlich zum Teil auch einem fehlenden Bewusstsein, wie *notwendig* diese Form der Kommunikation ist. Hinter diesem fehlenden Bewusstsein wiederum kann (wie an anderer Stelle beschrieben) auch die Angst stehen, in solchen Gesprächen zu sehr an die eigenen kommunikativen, aber auch seelischen Grenzen zu kommen. Doch Angst ist ein Gefühl, das zwar ernst genommen werden muss, von dem man sich aber keinesfalls unkritisch leiten lassen sollte – weist uns Angst doch immer dazu an, unser Heil bzw. die Lösung des Problems in Kampf oder Flucht zu suchen. Beides ist für eine Beziehungsgestaltung langfristig nicht konstruktiv, sondern zerstörerisch.

Doch wer zum intensiven, offenen Gespräch bereit ist, sollte gleichzeitig darauf achten, in diesen Gesprächen bestimmte *Regeln und Grenzen* einzuhalten. Sonst enden sie schon im Frühstadium in einer der vielen möglichen Sackgassen, die nur Enttäuschung und seelischen Schmerz hervorbringen.

Diese Sackgassen steuern wir in der Regel dann an, wenn es uns in erster Linie nicht um den *anderen* (das »Du«) und auch nicht um unsere *Beziehung zueinander* (das »Wir«) geht, sondern um uns selbst (unser »Ich«): um unsere Interessen, die Durchsetzung unserer Wünsche und Erwartungen, die Wahrung unserer Ansprüche, das »Überzeugen« des anderen, dass wir im Recht sind und er im Unrecht usw.

Ebenfalls ichbezogen und damit keineswegs hilfreich für die Beziehung sind Gesprächsziele, die vor allem darin bestehen, dem anderen »den Kopf zu waschen«, ihm ungeschminkt die Meinung zu sagen, ihn womöglich »umzuerziehen«, zumindest ihn in irgendeinem Punkt zu verändern. Nicht zuletzt sind alle Gespräche verhängnisvoll, die in irgendeiner Form mit dem Wunsch nach Rache und Vergeltung zu tun haben. Solche Sackgassen – man könnte auch sagen: Stolperfallen – im Gespräch sind beispielsweise:

- **Anklagen, Vorwürfe, Angriffe in Form von Du-Botschaften**
  Sie sind die verbreitetste und einfachste Form, ein Gespräch von Anfang an in eine Art Zweikampf münden zu lassen. »Du bist so unaufrichtig, deshalb kann ich dir nicht mehr vertrauen ...« – »Du bist so rücksichtslos.« – »Du hilfst mir nie.« – »Du kümmerst dich nicht um die Kinder.« – Angriffe dieser Art lösen augenblicklich Abwehr aus, anders gesagt: Druck erzeugt sofort Widerstand, das heißt: Gegendruck!

- **Ironie, Hohn, Spott, Verachtung**
  Sie wird häufig und sehr deutlich durch Körpersprache signalisiert: die Augen verdrehen, verächtlich lächeln, die Mundwinkel abfällig nach unten verziehen, seufzen und den Kopf schütteln – das Repertoire ist groß. Doch auch ironische Kommentare können äußerst verletzend sein: »Hört, hört!« – »Was du nicht sagst!« – »In welchem schlauen Buch hast du denn das gelesen?« Das Gegenüber wird gedemütigt, man macht deutlich, dass man den anderen nicht ernst nimmt.

- **Emotionaler Druck durch Körpersprache**
  Eine der beliebtesten Methoden, emotionalen Druck auszuüben, ist, die Lautstärke zu steigern, sprich: das Gegenüber anzubrüllen. Auch eine feindselige Sprechweise (leise, zischende Stimme) erzeugt emotionalen Druck. Natürlich gehören auch Tränen zu dieser Kategorie. Vor allem Männer empfinden Tränen einer Frau oft als sehr belastend – wenn sie dieses Mittel allerdings zu oft einsetzt, findet beim Gegenüber auch eine gewisse Abstumpfung statt.

- **Rechthaberei**
  Sie gehört zu den häufigsten Gesprächskillern. Sobald die Partner unterschiedliche Meinungen, Sichtweisen oder Erinnerungen haben, versucht jeder mit wachsender Erbitterung und Verbissenheit, den anderen davon zu überzeugen, dass dieser nicht recht hat. Ein konstruktiver Gesprächsausgang ist völlig unmöglich.

- **Persönliche Beleidigungen oder Unterstellungen**
  Sie haben das Ziel, den anderen als Person direkt zu verletzen bzw. abzuwerten: »Kann es sein, dass deine Hormone verrücktspielen?« – »Bist du betrunken?« – »Alzheimer lässt grüßen!« – »Du ... (beliebige Schimpfworte)!« Das Ziel wird in der Regel erreicht, wodurch die Kommunikation unweigerlich scheitern muss.

- *Intellektuelle* **Bewertungen**
  Sie sind ein sehr beliebtes, recht einfaches Instrument, um sich mit den Aussagen des anderen nicht näher befassen zu müssen: »Du redest ohne Sinn und Verstand!« – »So ein Quatsch!« – »Das ist doch kein Argument!« Kampf und anschließende Flucht auf beiden Seiten sind vorprogrammiert.

- *Moralische* **Bewertungen**
  Damit stellt sich der Bewertende über den anderen, indem er signalisiert, dass er selbst moralisch höher steht: »Wie kann man nur so egoistisch sein!« – »Schämst du dich nicht, dich so zu verhalten?« Das Gegenüber wird gedemütigt, die Verständigung misslingt.

- **Belehrungen**
  Auch hier stellt man sich über den anderen und würdigt ihn zum Dummerjan herab: »Du weißt offenbar nicht, dass …« – »In deinem Alter müsste man eigentlich begriffen haben …« – »Das gehört eigentlich zur Allgemeinbildung …« Das verletzte Gegenüber wird nicht mehr zu sachlicher Kommunikation in der Lage sein.

- **Ausweichen oder Abschweifen in andere Themengebiete**
  Dahinter steht häufig der Versuch, mehr »Munition« für die eigenen Angriffe zu bekommen. Oft zeigt es auch Disziplinlosigkeit an, was das angeschnittene, aber noch nicht abgeschlossene Gesprächsthema betrifft: »Und wenn wir schon dabei sind, sage ich dir auch noch …« – »Das ist ja nicht nur in dieser Sache so, sondern auch …« Die Gesprächspartner verzetteln sich, konstruktive Ergebnisse sind nicht mehr zu erwarten.

- **Ausweichen oder Abschweifen in die Vergangenheit**
  Hier gilt das Gleiche wie für das Abschweifen in andere Themengebiete; allerdings wird besonders deutlich, wie viel der Partner dem anderen auch noch aus früheren Zeiten nachträgt: »Ich weiß noch gut, dass du bei unserer Hochzeit vergessen hast …« – » Ich kann es nicht vergessen, dass du …«

- **Sich in Nebensächlichkeiten und Details verzetteln**
  Damit wird vom eigentlichen Kern des Problems abgelenkt: »Es war um acht Uhr, als ich dir gesagt habe …« – »Nein, es war um halb acht!« Außerdem bietet sich häufig neuer Konfliktstoff, weil die Partner sich auf Nebenschauplätze verirren. Das eigentliche Gesprächsziel wird verfehlt.

- **Schweigen statt antworten**
  Es kann Erschöpfung signalisieren oder Ratlosigkeit. Es kann aber auch bedeuten, dass man den anderen mit seinem Gesprächswunsch oder Anliegen absichtlich »ins Leere laufen lässt«, ihm bewusst ausweichen will.[75]

---

[75] S.o. S. 42f.

- **Dritte ins Spiel bringen, um der eigenen Meinung mehr Gewicht zu geben**
 »Dein Bruder sagt auch ...« – »Meine Freundin ist übrigens der gleichen Meinung wie ich!« Besonders unfair ist es, Dritte ins Spiel zu bringen, ohne Namen zu nennen: »Auch andere Leute haben mich schon gefragt, was mit dir los ist ...« – »Es wird schon darüber geredet, wie du ...« Das Gegenüber, verletzt und verunsichert, flüchtet meist in Kampf oder Gesprächsabbruch.

- **Den anderen »psychologisieren«**
 Auch dies ist eine Form der Belehrung, in der man sich über den anderen stellt: »Es ist doch offensichtlich, dass du mir gegenüber Minderwertigkeitskomplexe hast!« – »Das hört sich nach Midlife-Crisis an, deine Klagen ...« – »Du leidest doch unter einer narzisstischen Störung, kein Wunder bei der Familie ...!« Das scheinbare »Fachwissen« wird missbraucht, um den Gesprächspartner abzuwerten. Abwehr und Wut sind die normalen Folgen.

Dies ist eine sicher nicht vollständige Liste der am häufigsten zu beobachtenden Gesprächsfallen. Sie machen deutlich, wie leicht es dazu kommen kann, vom eigentlichen Ziel der Kommunikation abzudriften. Durch all diese Stolpersteine verwandelt sich ein gerade angefangenes offenes Gespräch binnen weniger Minuten in eine höchst angespannte Stresssituation.

Das eigentliche Ziel eines Gesprächs sollte grundsätzlich darin bestehen ...

... sich dem Gegenüber möglichst präzise verständlich zu machen (Konzentration aufs Ich)
... den anderen möglichst gut und besser als bisher zu verstehen (Konzentration aufs Du)
... einander mit Einfühlung und Respekt, aber auch Selbstbewusstsein zu begegnen (Konzentration aufs »Wir«)[76]

---

[76] Im Folgenden abgekürzt mit »Ich«, »Du«, »Wir«.

> ... Gefühle der Angst oder Anspannung nicht entstehen zu lassen (Ich + Du)
> ... im Lauf des Gesprächs einander geistig und emotional näher zu kommen (Wir)
> ... im Gespräch (oder wenigstens zum Schluss des Gesprächs) bei aller unterschiedlichen Meinung Signale der Wertschätzung auszutauschen, um das Selbstwertgefühl des Gegenübers nicht anzugreifen (Du + Wir)
> ... falls es sich um ein *Problem* handelt, über das gesprochen wurde: eine für beide Seiten befriedigende Lösung oder Vereinbarung zu finden (Ich + Du + Wir)
> ... falls es zu keiner Lösung kam: die Fortführung des Gesprächs im beiderseitigen Einvernehmen zu vertagen (Wir)

Anhand zweier exemplarischer Gesprächssituationen möchte ich deutlich machen, wie diese Ziele erreicht werden können.

Erste Situation: Ein Partner erzählt dem anderen etwas, was er erlebt hat, was ihn bewegt, beschäftigt, belastet oder erfreut usw.: »Als ich heute mit meinem Chef redete, meinte er plötzlich ...« – »Heute Nacht hatte ich einen seltsamen Traum ...« – »Vorhin rief meine Mutter an und sagte ...«

Ziel eines solchen Gesprächs ist es, Erlebtes – und damit ein Stück Leben – miteinander zu teilen und im Gegenüber Resonanz, Verständnis, möglicherweise auch Anregung oder Unterstützung zu finden.

> *Folgende Reaktionen führen dazu, dass dieses Ziel nicht erreicht wird, indem dem »Sprecher« die Freude am Sich-Mitteilen genommen wird:*
>
> – der Zuhörer signalisiert Langeweile und Desinteresse; er hört nicht konzentriert zu, sondern beschäftigt sich nebenher mit etwas anderem

- er nimmt das Erzählte zu wenig ernst, macht sich womöglich darüber lustig
- er tut das Erzählte mit einer flapsigen oder allgemein-unverbindlichen Floskel ab (»So ist das halt« – »Tja, da musst du wohl durch«)
- der Zuhörende unterbricht zu früh und signalisiert damit Ungeduld oder mangelnde Achtung
- er kritisiert den Erzähler zu früh
- er beurteilt und kommentiert das Gesagte zu früh und stört damit das unbefangene Erzählen
- er gibt zu früh kluge Ratschläge oder bezieht Partei für eine Seite

Übung: Versuchen Sie einmal, bei dem folgenden Beispiel die zwanzig möglichen Antworten dahingehend zu sortieren, ob sie – entsprechend der oben aufgeführten Liste – für ein weitergehendes Gespräch eher fördernd oder eher hemmend sind. Stellen Sie sich die Frage: »Hätte ich bei dieser Antwort Lust, weiterzuerzählen?« Anders gefragt: »Wird bei dieser Antwort das Ich, das Du oder das Wir gestärkt?«

Ein Mann sagt zu seiner Frau: »Langsam reicht's mir, was der Chef uns alles an Veränderungen und Neuerungen zumutet. Kaum ist was eingeführt, schon kommt wieder was Neues. Man kann sich auf nichts mehr verlassen, weil ständig etwas geändert wird!«
Mögliche Antworten der Frau
(f = fördernd, h = hemmend)   f   h

1) »Ja, das kann ich verstehen, aber jetzt sollten wir uns ☐ ☐
   mal um Omas Geburtstag kümmern.«
2) »Mein Gott, das hast du doch letztes Jahr schon gesagt!« ☐ ☐
3) »Was hat er denn wieder Neues eingeführt?« ☐ ☐
4) »Der Chef wird wohl seine Gründe haben, sonst würde ☐ ☐
   er die Neuerungen vermutlich nicht einführen!«

	f	h

5) »Siehst du in diesen Veränderungen überhaupt keinen Sinn, oder sind sie einfach störend im täglichen Arbeitsablauf?« ☐ ☐

6) »Dann sei doch endlich mal so konsequent und sag es ihm, statt nur bei mir zu jammern!« ☐ ☐

7) »Hast du das Gefühl, dass du und deine Kollegen viel zu wenig gefragt werden, bevor etwas verändert wird?« ☐ ☐

8) »Ich nehme an, ihr unterhaltet euch in der Firma darüber. Hast du den Eindruck, deinen Kollegen geht es genauso?« ☐ ☐

9) »Tja, ihr Männer wollt es halt immer gern bequem haben!« ☐ ☐

10) »Sei froh, dass du überhaupt eine Arbeit hast, in deinem Alter!« ☐ ☐

11) »Bei so einer Reformwut könnte ich mir denken, dass dabei auch manches verändert wird, was sich eigentlich bisher ganz gut bewährt hat, stimmt's?« ☐ ☐

12) »Sag bloß – was ist denn passiert? Dürft ihr keine Computerspiele am PC mehr machen?« ☐ ☐

13) »Man fühlt sich so machtlos, könnte ich mir denken. Sicher ein deprimierendes Gefühl, oder?« ☐ ☐

14) »Du solltest nicht deinen Chef kritisieren, sondern an deiner eigenen Flexibilität arbeiten, dann ist das gar kein Problem für dich!« ☐ ☐

15) »Ich kann mir vorstellen, wie stressig das ist. Wahrscheinlich meint er, alles Neue wäre auf jeden Fall besser …« ☐ ☐

16) »Ich habe in letzter Zeit schon manchmal das Gefühl gehabt, dass du zunehmend die Lust an der Arbeit dort verlierst. Liege ich da richtig?« ☐ ☐

17) »Letzte Woche hast du gesagt, dass dein Chef aufpassen muss, um nicht den Anschluss an die Konkurrenz zu verlieren. Wie passt denn das zusammen?« ☐ ☐

18) »Ja ja, immer diese Chefs … du, schau mal, draußen steigt gerade unser Nachbar aus seinem Auto …!« ☐ ☐

	f	h

19) »Du kennst doch den Spruch: ›Das einzig Verlässliche ☐ ☐
ist, dass auf nichts Verlass ist!‹«

20) »Vielleicht ist die Zeit für dich einfach reif, nach etwas ☐ ☐
anderem zu suchen, oder möchtest du das auf keinen
Fall?«

Haben Sie es erkannt? Fördernd sind die Antworten 3, 5, 7, 8, 11, 13, 15, 16, 20. – Was zeichnet sie aus?
- Sie signalisieren Interesse und Aufgeschlossenheit.
- Sie versuchen, durch Fragen mehr Informationen zu bekommen.
- Sie versuchen, das angedeutete Gefühl des Erzählers aufzugreifen und zu verstehen.
- Sie drücken Respekt vor der Sicht und den Gefühlen des Erzählers aus.
- Sie ermuntern den Erzähler, vertrauensvoll und offen weiterzureden.
- Sie versuchen, dem Problem des Erzählers noch mehr auf den Grund zu gehen.

Die hemmenden Antworten hingegen haben gemeinsam, dass der »Empfänger« – in diesem Fall die Partnerin – in eine der Gesprächsfallen getappt ist, die ich oben aufgelistet habe. Es sind allesamt Reaktionen, die eher eine »Killerprämie« dafür bekommen könnten, dass sie im Erzähler Gefühle des Unmuts, des Unverstandenseins, der Frustration, des Sich-angegriffen-Fühlens usw. wecken. Auf diese Weise wird er recht schnell zum Rückzug aus dem offenen Gespräch animiert, entweder eingeleitet durch kurze abschließende Bemerkungen (»Lassen wir's, es bringt nichts.« – »Na ja, ist nicht so wichtig.«) oder durch Schweigen und Weggehen.

Manchmal reagiert der »Sender« auf diese Gesprächsfallen auch mit Kritik oder Widerstand (»Lass mich doch erst mal ausreden!« – »Musst du gleich gute Ratschläge geben?« – »Warum erzähle ich dir etwas, wenn du gar kein Interesse daran hast?«) – doch dies geschieht bei Frauen häufiger als bei Männern, so meine Erfahrung. Männer kapitulieren oder resignieren schneller, vielleicht, weil sie das Gespräch als anstrengend empfinden, vielleicht, weil sie mit ihrem Lebenspartner nicht gern streiten, vielleicht auch, weil ihr Mitteilungsbedürfnis nicht so ausgeprägt ist.

Haben Sie übrigens beim Prüfen der Antworten erkannt, zu welchen häufigen Antworttypen oder gar »Lieblingsreaktionen« Sie neigen? Fast jeder Mensch, den ich kenne, gewöhnt sich nämlich im Lauf des Lebens bestimmte Antworten an, die er mit Vorliebe in Gesprächen aktiviert – ob sie für das Gegenüber hilfreich sind oder nicht.

Zweite Situation: Ein Partner spricht einen Punkt an, der unmittelbar den anderen Partner betrifft und ihn zunächst infrage stellt.

Eine Frau sagt zu ihrem Mann: *»Ich habe Probleme damit, dass du die Urlaubsplanung ausschließlich mir überlässt. Mir wäre es viel lieber, wir würden das gemeinsam machen! Schließlich ist es auch unser gemeinsamer Urlaub!«*

In dieser noch recht moderat vorgetragenen Äußerung steckt eine deutliche Kritik am Empfänger. Nun wissen wir, dass es sehr schwierig ist, auf Kritik nicht spontan mit Abwehr, Verteidigung oder Gegenangriff zu reagieren. Dennoch sollten wir uns diese Spontanreaktionen so radikal wie möglich abgewöhnen, weil sie zum Ende des Gesprächs führen, bevor es überhaupt richtig angefangen hat. Beurteilen Sie bitte unter diesem Gesichtspunkt, ob die folgenden Antworten des Partners gesprächsfördernd oder -hemmend sind (f = fördernd, h = hemmend):   f   h

1) »Mein Gott, was soll ich denn noch alles machen?!« ☐ ☐
2) »Hast du das Gefühl, die Vorbereitung wird immer aufwendiger für dich?«
3) »Aber ich bin wirklich der Meinung, dass dir so etwas ☐ ☐
viel leichter fällt als mir. Siehst du das anders?«
4) »Aber was *du* mir alles zuschiebst, daran denkst du na- ☐ ☐
türlich nicht!«
5) »Gut, aber dann machen wir auch in Zukunft gemein- ☐ ☐
sam die Steuererklärung, okay? Dann wirst du ja mal
sehen, was einfacher ist!«

	f	h

6) »Ich dachte, du bist auch ein Freund der Arbeitsteilung. Aber nicht in diesem Punkt, wenn ich dich richtig verstanden habe?!« ☐ ☐

7) »Ich gebe zu, dass ich mir's damit ganz schön einfach mache. Es war für mich natürlich sehr bequem, dass ich das bisher dir überlassen konnte.« ☐ ☐

8) »Sag mal, größere Probleme hast du wohl nicht?« ☐ ☐

9) »Muss man denn alles gemeinsam machen, das ist doch total unökonomisch!« ☐ ☐

10) »Einverstanden – aber darf ich dann auch einen Punkt ansprechen, den ich lieber mit dir gemeinsam machen würde in Zukunft?« ☐ ☐

11) »Du kannst das einfach besser, Schatz!« ☐ ☐

12) »Wenn du gezielt im Internet recherchierst, ist das doch wahrlich kein Hexenwerk, oder?« ☐ ☐

13) »Was stört dich daran, dass du den Urlaub alleine planst?« ☐ ☐

14) »Zum Schluss soll ich auch noch gemeinsam mit dir die Kinder bekommen, oder wie?« ☐ ☐

15) »Aber ich überlasse es doch gar nicht dir, das meiste machen wir doch zusammen!« ☐ ☐

16) »Du mit deinen ewigen Nörgeleien, das wird ja immer schlimmer!« ☐ ☐

17) »So, und wer hat letztes Jahr den Flug gebucht und die Auslandskrankenversicherung abgeschlossen, wer bitte?« ☐ ☐

18) »Fragst du eigentlich auch mal, womit *ich* Probleme habe?« ☐ ☐

19) »Tja, dann bleiben wir doch am besten zu Hause, dann hast du auch keine Arbeit. Wäre mir eh lieber!« ☐ ☐

20) »Hmmm, was machen wir da … Was hältst du davon, wenn wir die Grobplanung gemeinsam machen und die Feinplanung nach wie vor in deinen Händen liegt? Wäre das in deinem Sinn?« ☐ ☐

Fördernd sind die Antworten 2, 3, 6, 7, 10, 13, 20. Sie signalisieren, dass der Empfänger die Gefühle des Senders ernst nimmt und bereit ist zur Selbstkritik. Außerdem nehmen diese Antworten die Gefühle des Partners ernst und suchen nach einer neuen Lösung. Alle anderen Reaktionen sind hingegen hemmend, weil sie das Anliegen des Partners entweder sofort abwerten, lächerlich machen oder zurückweisen, oder weil sie mit Gegenangriffen und Bewertungen die fehlende Achtung vor dem Bedürfnis des »Senders« demonstrieren. Dieser wird darauf – vermutlich – mit Aggressivität (Kampf) oder Gekränkt- bzw. Beleidigtsein (Rückzug) reagieren.

Wie Ihnen sicher aufgefallen ist, *besteht ein Großteil der fördernden Antworten darin, dass nach- bzw. zurückgefragt wird.* Mit diesem Rückfragen signalisiert der »Empfänger« einer Mitteilung dem »Sender« Folgendes:
- Achtung vor seiner Äußerung, da er sie erst einmal so stehen lässt
- Wunsch, die Äußerung noch besser zu verstehen
- Wunsch, Missverständnisse zu vermeiden
- Interesse daran, in ein tieferes Gespräch zu kommen
- Verzicht auf sofortigen Kommentar oder sofortige eigene Reaktion (= Zurücknehmen des »Ich« zugunsten des »Du«)
- Wunsch, auf der Sachebene zu bleiben und nicht unkontrolliert in die emotionale Ebene abzurutschen

Diese Aufzählung macht deutlich: Beide Seiten haben etwas davon, wenn der Empfänger erst einmal *nachfragt*, bevor er Stellung bezieht. Er gewinnt nämlich durch die Rückfrage etwas ganz Entscheidendes: Zeit – Zeit, sich seine eigene Antwort zu überlegen und gegebenenfalls auch seine eigenen Gefühle zu »sortieren« und in den Griff zu bekommen. Das ist allemal besser, als sich von ihnen spontan überwältigen zu lassen.

Rückfragen können dabei grundsätzlich auf mindestens dreierlei Weise gestellt werden:

- indem man das Gehörte mit eigenen Worten wiedergibt und fragt, ob man es richtig verstanden hat (»Du willst also sagen, dass ... – ist das so?«)
- indem man das Gehörte interpretiert und fragt, ob die eigene Deutung richtig ist (»Ich verstehe dich so, dass du damit meinst ... – stimmt das?«)
- indem man auf eigene Worte und Deutungen verzichtet und nur nachfragt, z.B. mit den Worten: »Wie meinst du das? – Wie soll ich das verstehen? – Kannst du mir das genauer erläutern?«

Mit all diesen Fragen signalisiert man jedoch nicht nur persönliches Interesse am anderen sowie an einem tiefer gehenden Gespräch, sondern man macht dem Gesprächspartner auch deutlich, dass man möglichst *genau* wissen möchte, was er meint und worum es ihm geht.

Damit »zwingt« man ihn in gewisser Weise auch dazu, sich nicht verschwommen und diffus, sondern deutlich und präzise auszudrücken und anstatt allgemeinen Anspielungen oder Aussagen möglichst klare, eindeutige Mitteilungen zu formulieren. Dies ist für viele Menschen, die gern unüberlegt, verallgemeinernd oder ungenau daherreden, eine heilsame Übung. Sie leitet dazu an, in Zukunft möglicherweise etwas besonnener und bedächtiger zu sein. Denn nichts ist so verräterisch – und oft auch peinlich –, wie eine Meinung oder Behauptung vollmundig zum Besten zu geben und auf die sachliche Rückfrage: »Wie meinst du das? Kannst du mir das mal genauer erklären?« verlegen ins Stottern zu geraten. Man weiß eben selber nicht genau, wie man es meint!

Doch Tatsache ist: Die *Kunst des Rückfragens* wird in unserer alltäglichen und gewohnten Kommunikation höchst selten geübt! Man betrachte nur die unzähligen Talkshows im Fernsehen, oder man beobachte eine Diskussion im persönlichen Umfeld: Typisch für alle Beteiligten sind in der Regel blitzschnelle Antworten (oft dabei noch das Gegenüber unterbrechend) sowie prompte, schlagfertige Rückmeldungen. Die Antworten, die gegeben werden, gehen meist nicht wirklich auf das vom Vorredner Gesagte ein. Eher hat man den

Eindruck, jeder Gesprächspartner lauert nur darauf, bis er wieder an die Reihe kommt und seine Position darlegen kann. Von »Gesprächskultur« keine Spur! Doch natürlich gibt es für diesen auffallenden Verzicht auf Rückfragen eine Menge Gründe:

- Man hat es einfach nicht gelernt, zurückzufragen – und macht es deshalb so gut wie nie.
- Man meint, den anderen gut genug zu kennen, um genau zu wissen, wie er es meint, d.h. um sich das Nachfragen ersparen zu können.
- Man ist sich nicht darüber im Klaren, dass es nicht nur *eine, sondern mehrere* Möglichkeiten gibt, wie etwas zu verstehen ist.
- Man überschätzt die eigene Fähigkeit, den anderen »richtig zu verstehen«, weil man die Möglichkeit von Missverständnissen *unterschätzt*.
- Man hat kein *Interesse*, mehr zu erfahren, weil man gar nicht das Ziel hat, eine möglichst hilfreiche Antwort zu geben oder ein tieferes Gespräch zu führen.
- Man meint, keine weitere Information nötig zu haben, um eine kluge und qualifizierte Antwort zu geben.
- Man will eigene Wissenslücken oder Unsicherheiten nicht zu erkennen geben.
- Man will durch schnelles Antworten den Eindruck hoher Kompetenz und Sachkundigkeit erwecken.
- Man glaubt, durch Rückfragen Schwäche und Unsicherheit (womöglich noch Bildungslücken) zu signalisieren, was man unbedingt vermeiden möchte.
- Man versucht, durch eine schnelle Antwort zu verhindern, dass die eigene Person oder Position noch weiter infrage gestellt wird.
- Man benutzt das Gegenüber lediglich als Stichwortgeber, um seine eigenen Botschaften loszuwerden.

Haben Sie Ihre eigenen Gründe in dieser Auswahl gefunden? Sicher ändern sie sich von Situation zu Situation, von Mensch zu Mensch und von Thema zu Thema, doch die Mehrzahl der Menschen, mit denen ich mich unterhalte, fragt äußerst selten zurück.

Ich glaube, dass es von vielen Menschen als wünschenswertes

Ideal angesehen wird, auf alles, was ein anderer Mensch sagt, möglichst schnell etwas zu erwidern. Und möglichst nie um eine Antwort verlegen zu sein. Schwingt nicht deutliche Anerkennung darin mit, wenn man von jemandem sagt, er oder sie sei schlagfertig? Doch wer denkt darüber nach, dass dieses Wort eigentlich bedeutet: »bereit zu schlagen« – was gewiss nicht von vornherein als etwas Positives anzusehen ist. Denn Schläge sind mit Verletzung und Schmerz verbunden, egal ob es verbale Schläge sind (dazu gehören auch viele verfrühte und unsensible Rat-Schläge!), körperliche Schläge oder gar Schicksalsschläge!

Wenn Sie also das nächste Mal einem Gespräch lauschen, das eher einem »Schlagabtausch« als einem achtsamen, konstruktiven Gedankenaustausch ähnelt, dann konzentrieren Sie bitte Ihre Aufmerksamkeit auf einen Punkt:

Fragen die beiden Gesprächspartner zurück, bevor sie einander antworten? Wollen sie den anderen so genau wie möglich verstehen, bevor sie etwas darauf erwidern?

Sie werden feststellen: Dies ist eher selten der Fall. Nicht zwischen Gästen in Fernsehdiskussionsrunden, nicht zwischen Bekannten, Nachbarn, Kollegen, leider auch oft nicht zwischen Eltern und Kindern oder zwischen Partnern.

Warum aber praktizieren wir nicht einmal im Gespräch mit den uns wichtigsten Menschen diese Kultur des Rückfragens? Bei ihnen sollten wir ja ein besonders großes Interesse daran haben, dass unsere Gespräche und Diskussionen erfreulich und befriedigend verlaufen, denn Lebensqualität ist Beziehungsqualität!

Folgende Gründe sind zu vermuten:
- Bei vertrauten Menschen ist die Annahme: »Ich weiß genau, was du meinst und wie du es meinst!« besonders ausgeprägt, schließlich hat man viele Erfahrungen miteinander gemacht.
- Gerade nahestehende oder für uns besonders bedeutsame Menschen können uns mit ihren Äußerungen besonders leicht verletzen oder verunsichern. Diese Personen sind schließlich für unser Selbstwertgefühl und damit für unsere psychische Stabilität enorm wichtig. Deshalb haben wir große Angst davor, dass ausgerechnet sie uns an-

greifen oder infrage stellen. Wenn sie es dennoch tun, was – wie schon ausgeführt – in einer verbindlichen Beziehung hin und wieder einfach notwendig ist, so bringt uns dies augenblicklich in eine innere Anspannung, die umgehend starke Emotionen in uns auslöst: Angst, Wut, Empörung, Scham, das Gefühl des Gedemütigtseins, Entmutigung, Verunsicherung, Rachegefühle usw. – Der Sinn von Gefühlen ist es, den Menschen zu blitzschnellem Reagieren zu bewegen. Denn allzu langes Nachdenken könnte ihn – man denke nur an den Fall einer echten körperlichen Bedrohung! – das Leben kosten. (»Ist das jetzt eine giftige oder ungiftige Schlange, die vor mir im Gras liegt?« – »Ist das jetzt ein schnelles oder ein langsames Auto, das da auf mich zufährt?«)

- Wer rückfragt, dem gelingt es, auf der Sachebene zu bleiben. Sobald wir eine Äußerung des Partners jedoch als Angriff auf unsre Sicherheit interpretieren – und dazu gehört auch: auf unsere Selbstsicherheit –, geraten wir *unverzüglich* in einen Zustand emotionaler Erregung. Diese Anspannung führt dazu, dass das sachlich-klare, logisch-analytische Denken der höheren Gehirnregionen vorübergehend lahmgelegt wird bzw. aufs Empfindlichste beeinträchtigt ist. Die Sachebene wird blockiert, die Emotionen übernehmen sozusagen das Steuer.

Deshalb werden wir, sobald wir uns in einer Kommunikation angegriffen und in unserer (Selbst-)Sicherheit bedroht fühlen, die Sachebene stehenden Fußes verlassen, *ohne dass uns dies bewusst ist*. Auf der Sachebene zu bleiben würde hingegen die Fähigkeit erfordern, emotional entspannt sein zu können oder seine Angst- oder Wutgefühle unter Kontrolle zu haben, sprich: sie zu beherrschen, um nicht von ihnen beherrscht zu werden. Nur wenn dies gelingt, können wir den ersten Impuls – mit »Schlagfertigkeit« (Verteidigung, Gegenangriff etc.) oder Rückzug zu reagieren – unterdrücken und stattdessen sachlich und gelassen bleiben.

Die beste Möglichkeit, gelassen zu bleiben, bietet meines Erachtens – sozusagen als Brücke über den reißenden Strom unserer Emotionen – das konzentrierte Nach- oder Rückfragen an.
Es hat den Vorteil, die Verletzungsgefahr in der Kommunikation

radikal zu reduzieren. Darüber hinaus bietet es die Chance, dem Gegenüber bei aller Verschiedenheit in Wesen und Ansichten deutlich zu machen, dass man ihm mit Aufgeschlossenheit und Respekt begegnen möchte. Wir alle sind darauf angewiesen, dass wir einander im Gespräch jenen Raum geben, den wir brauchen, um unsere Gefühle zu erkennen und zu benennen, um unsere Gedanken in Worte zu fassen und zu entwickeln.[77]

An dieser Stelle muss – neben dem Rückfragen – eine weitere unabdingbare Voraussetzung angesprochen werden, damit Gespräche nicht schon im Keim dadurch erstickt werden, dass man sich gegenseitig an-greift statt an-nimmt oder ab-wertet statt wert-schätzt. Es ist die Erkenntnis: *Es gibt nicht »die richtige« und »die falsche« Meinung, Ansicht oder Einstellung.*

Natürlich gibt es Fakten, die entweder richtig oder falsch sein können. Entweder ist Frühlingsanfang am 20. März oder am 21. März, beides kann nicht stimmen. Doch diese Eindeutigkeit gilt nur für nachprüfbares Sachwissen. Alles, was nicht dazugehört, und das ist vermutlich der weitaus größte Teil unserer Gesprächsinhalte, lässt mehrere Standpunkte, Auffassungen und Einschätzungen zu. Beispielsweise die Frage, ob der Frühling schöner als der Sommer ist. Oder ob die Umstellung auf die Sommerzeit für die Menschen hierzulande ein Vor- oder ein Nachteil ist. Darüber lässt sich – auch mit Argumenten – trefflich streiten, und wer meint, dass es dazu eine abschließend richtige oder falsche Antwort gibt, der liegt einfach falsch. Denn dazu müsste man sämtliche Menschen hierzulande befragen, was schlechterdings nicht möglich ist. Außerdem ist es nicht möglich, eindeutig zu definieren, was ein Vorteil ist und was ein Nachteil, denn was der eine als gravierenden Nachteil empfindet, wird vom anderen als enormer Vorteil angesehen.

---

[77] Sehr hilfreich für alle, die ihre eigene Art der Kommunikation gründlich überprüfen und erneuern wollen, sind die Bücher von Marshall B. Rosenberg über »Gewaltfreie Kommunikation. Eine Sprache des Lebens«. Mit »gewaltfrei« meint Rosenberg: frei von Botschaften oder Elementen, die den anderen angreifen, verletzen, abwerten usw.

Doch auch im Bereich persönlicher Einschätzungen und Gefühle, Erfahrungen und Eindrücke gibt es kein »Richtig« und »Falsch«. Allerdings scheint ein großer Teil der erwachsenen Menschen diese Tatsache zeit ihres Lebens nicht wirklich zu begreifen! Nur so ist die Unmenge an erbitterten Diskussionen und verbalen Konflikten, an erregten Auseinandersetzungen und tiefen Zerwürfnissen – oft wegen Banalitäten – zwischen Bekannten, Kollegen, Nachbarn, Mitarbeitern, Freunden, Familienmitgliedern und Partnern zu erklären.

Sie alle lassen sich auf folgende Überzeugungen zurückführen, die ich hier in sehr vereinfachter Form wiedergeben möchte:

- »Entweder hast du recht oder habe ich recht.«
- »Entweder ist das, was ich sage, die Wahrheit, oder das, was du sagst.«
- »Wenn ich recht habe, muss ich dir nachweisen, dass du nicht recht hast.«
- »Wenn wir unterschiedlicher Meinung sind, müssen wir so lange diskutieren, bis sich herausstellt, welche Meinung die richtige ist.«
- »Es kann nicht sein, dass bei verschiedenen Auffassungen oder Meinungen jeder aus seiner subjektiven Sicht recht haben kann.«
- »Es kann nicht sein, dass eine Sache von verschiedenen Seiten gesehen werden kann, ohne dass jemand letztlich entscheiden kann, welches die ›richtige‹ ist.«

All diese Annahmen sind schlichtweg falsch.
Selbst die exakten Naturwissenschaften müssen inzwischen einräumen, dass in bestimmten Bereichen unserer Wirklichkeit (vor allem im Makro- und Mikrokosmos) keine Eindeutigkeiten mehr anzutreffen und zu beobachten sind. Ein berühmtes, fast schon klassisch

zu nennendes Beispiel ist das Licht. Die Physiker rätselten lange: Ist das Licht eine Welle, oder besteht es aus Teilchen? Die Antwort lautet nach heutigem Wissensstand: »Sowohl – als auch!« Entscheidend ist, mit welchen Mitteln man das Licht beobachtet, man kann auch sagen: mit welchen Annahmen und Erwartungen man an die Erforschung des Lichts herangeht. Mit anderen Worten: *Das Ergebnis hängt davon ab, wie man untersucht und was man herausfinden will!* Doch letztlich eindeutig definieren, was das Licht *ist,* können wir nicht. Dies ist das – zumindest vorläufige – Ergebnis mehr als hundertjähriger intensiver Forschung mit ausgefeiltesten und modernsten naturwissenschaftlichen Methoden!

Wie viel mehr können wir davon ausgehen, dass solche Eindeutigkeiten in unseren vertrauensvollen zwischenmenschlichen Gesprächen fehlen! Hier können für uns als nachdenklich-selbstkritische Gesprächsteilnehmer nur folgende Basisüberzeugungen gelten, die auch das Fundament all unserer Beziehungen sein sollten:

> ▶ »Du hast das Recht, die Dinge auf deine Weise zu sehen, so wie ich das Recht habe, sie auf meine Weise zu sehen. Es geht nicht darum, wer von uns beiden (mehr) *recht hat*!«
> ▶ »Mir ist klar, dass wir alles, was wir erleben und wahrnehmen, von verschiedenen Seiten und mit ganz unterschiedlichen Augen sehen können und dass niemand einem anderen Menschen vorschreiben kann, *wie* er etwas zu sehen hat. Denn niemand ist im Besitz der Wahrheit.«
> ▶ »Ich will deine Wahrnehmung, Emotion oder Erfahrung auch dann respektieren, wenn sie von meiner eigenen deutlich abweicht oder ihr gar entgegengesetzt ist. Ich will sie auch respektieren, wenn ich sie nicht verstehen kann. Denn es steht mir nicht zu, darüber zu urteilen, wer von uns beiden der Wahrheit näherkommt.«
> ▶ »Ich will es aushalten, dass du manches – auch an meiner Person – auf eine Weise siehst, die mich und meine Sichtweise infrage stellt. Du hast das Recht, mich mit deinen Augen zu

sehen. Ich will lernen, dass darin auch für mich eine große Bereicherung enthalten sein kann – und die Chance auf Wachstum.«
- »Ich gehe davon aus, dass im Bereich der Gefühle die Kategorien ›richtig‹ und ›falsch‹ vollkommen fehl am Platz sind. Es gibt keine richtigen und falschen Empfindungen. Ich kann dir Gefühle weder verbieten noch vorschreiben noch ausreden. Ich darf sie auch nicht lächerlich machen oder sonst in irgendeiner Form nicht ernst nehmen.«
- »Das Ziel unserer Gespräche kann nur sein, das Denken und Fühlen, das Erleben und die Sichtweise des Gegenübers eingehend kennenzulernen und zu verstehen. Doch das Ziel darf keinesfalls sein, ihn von der größeren Richtigkeit der eigenen Sichtweise zu überzeugen!«

Wer auf der Basis dieser Grundhaltungen vertrauensvolle, offene Gespräche führt, erliegt nie der Gefahr, in eine unfruchtbare Debatte darüber zu geraten, welche Seite mehr im Besitz »der Wahrheit« ist.[78] Er kann sich mit seinem Partner darüber austauschen, wer was auf welche Weise gelernt, begriffen, erinnert oder erlebt hat, er kann – auch mit anderen Menschen – durchaus temperamentvoll und engagiert, aber innerlich dennoch gelassen über unterschiedliche politische, religiöse und sonstige Überzeugungen diskutieren. Wichtig ist: *niemals recht haben zu wollen, sondern sich zu bemühen, den anderen zu verstehen und von ihm verstanden zu werden, ihn zu achten und von ihm geachtet zu werden. Das genügt.*

»Ach, wie schön wäre es doch«, werden Sie nun möglicherweise sagen, »wenn ich das alles so leicht umsetzen könnte!« – Meine Antwort: Sie können es umsetzen, aber nicht leicht und nicht im

---

[78] Dies gilt ganz besonders auch für Debatten über religiöse Themen. Sie sind unbedingt notwendig, um Standpunkte zu klären und zu verstehen, doch hier sind gegenseitige Missionierungsansprüche und Verurteilungen besonders abstoßend – und für die nicht religiöse Umwelt auch besonders abschreckend, denn was soll man von einem Glauben halten, der so wenig Respekt vor Andersdenkenden beinhaltet?

Handumdrehn: »Es ist noch kein Meister vom Himmel gefallen« gilt auch für die Kunst des guten Gesprächs.

Doch vielleicht sagen Sie auch: »Wie wunderbar wäre es, wenn es auf unserer Welt lauter solche besonnenen Gesprächspartner gäbe!« Dem ist aber nicht so, und die Frage ist: Wie sollen wir reagieren, wenn jemand uns das Recht auf unsere Meinung oder unsere persönlichen Eindrücke und Gefühle schlichtweg streitig machen möchte?

Ein Beispiel: Sie sagen zu Ihrem Partner: »Du wirkst in letzter Zeit so abweisend, wenn ich dich in den Arm nehme!« Wenn Ihr Partner daraufhin antwortet: »Das ist gar nicht wahr!«, so macht er schon den ersten Fehler: er gesteht es Ihnen nicht zu, sein Verhalten auf Ihre ganz persönliche Weise zu empfinden. Stattdessen will er Ihre Sichtweise als falsch erklären, mit anderen Worten: er will Ihnen Ihr Gefühl schlichtweg verbieten oder ausreden (»Du hast mich nicht als abweisend zu empfinden ...!«). Dies ist aber nicht möglich, deshalb die Frage an Sie: Was wäre die angemessene Reaktion von ihm?

Angemessen wäre es, Ihr Gefühl erst einmal *wahrzunehmen, anzunehmen und ernst zu nehmen*. Mit anderen Worten: zu respektieren, dass Sie so empfinden.

Dies ist sozusagen die *erste Hürde*, die vom Gegenüber überwunden werden muss. In einem *zweiten Schritt* müsste ihr Partner nachfragen: »Wie kommst du darauf? Was an meinem Verhalten erlebst du als abweisend?« Er würde damit signalisieren, dass er genauer verstehen möchte, was Sie mit Ihren Worten meinen, welche Wahrnehmungen Ihrerseits dahinterstecken.

In einem *dritten Schritt* sollte er auf das Gefühl zu sprechen kommen, das sich möglicherweise hinter Ihrer Feststellung verbirgt. »Macht dich das traurig?« wäre zum Beispiel eine mögliche Frage, um näher an das eigentliche Problem heranzukommen.

Der *vierte Schritt* bestünde darin, dass Ihr Partner Stellung bezieht und mitteilt, wie er selbst sein Verhalten einschätzt (»Das ist mir gar nicht bewusst!« oder: »Ja, ich bin manchmal überfordert von deinem Wunsch nach Nähe!«).

Daraufhin könnte er Respekt vor Ihrer Wahrnehmung äußern (»Es tut mir leid, wenn du es so erlebst, ich will dich nicht verletzen!«) und Worte der Wertschätzung sagen (»Auch wenn es nicht immer so rüberkommt: Ich genieße deine Gegenwart sehr!«). Auf dieser Basis könnten sie sich ruhig und gelassen einige Zeit über das Thema unterhalten.

Abschließend könnte er Sie fragen, was Sie sich für die Zukunft wünschen und welches konkrete Verhalten seinerseits Ihrem Wunsch am ehesten entspräche. Auf diese Weise wären Sie gezwungen, präzise zu sagen, was Sie wollen, und Ihr Partner würde sich davor schützen, von allzu diffusen Ansprüchen (»Sei doch einfach etwas liebevoller!«) überfordert zu werden und schlichtweg nicht zu wissen, was er konkret ändern soll in seinem Verhalten.

Doch nehmen wir an, Ihr Partner reagiert, da er sich infrage gestellt fühlt, auf Ihre Aussage: »Du wirkst in letzter Zeit so abwesend, wenn ich dich in den Arm nehme!« spontan mit Abwehr: »Das stimmt doch gar nicht!« oder: »Das bildest du dir nur ein!«

Nun liegt es an Ihnen, auf diese Missachtung Ihrer Gefühle besonnen zu reagieren. Falsch wäre es, wenn Sie daraufhin antworten würden: »Doch, das stimmt. Du merkst es nur nicht!« Oder wenn Sie wütend oder beleidigt reagieren würden – was durchaus naheliegt, da seine Missachtung Ihr Selbstwertgefühl angreift und Sie ebenfalls in emotionale Anspannung versetzt.

Mit der Antwort: »Doch, das stimmt ...« würden Sie in die Falle laufen, sich auf einen Kampf ums Rechthaben einzulassen. Sie würden den anderen davon überzeugen wollen, dass es so ist, wie *Sie* es sehen. Das ist falsch, denn natürlich hat Ihr Partner das Recht, den Sachverhalt ganz anders wahrzunehmen als Sie. Doch er müsste dies anders zum Ausdruck bringen!

Überlegen Sie, welche Antwort Sie deshalb geben könnten, damit das Gespräch nicht in einen Kampf ums Rechthaben mündet.

Ich würde als Antwort empfehlen: »Es kann ja sein, dass du es nicht so siehst oder anders erlebst, aber ich kann nur sagen, wie *ich* es empfinde, und ich bitte dich darum, dass du mein Gefühl einfach erst mal ernst nimmst!« Mit dieser Antwort geben Sie Ihrem Partner das, was Sie sich von ihm auch wünschen, nämlich den Respekt vor seiner persönlichen Wahrnehmung. Gleichzeitig machen Sie deutlich, dass es nicht weiterführt, wenn jeder nur auf seiner Sicht beharrt. Es ist vielmehr ebenso wichtig, sich in den anderen hineinzuversetzen, um auch seine Gefühle – und sein Problem – zu verstehen. Außerdem macht diese Antwort dem Partner deutlich, dass es Ihnen nicht darum geht, ihn in seinem Selbstwertgefühl anzugreifen. Dadurch kann er von der Anspannung wieder in die Entspannung (oder: in eine gemäßigte Form der Anspannung) kommen, die ein gegenseitiges Zuhören und Verstehen erst ermöglicht. Das Gleiche gilt natürlich auch für Sie.

Möglich wäre auch, dass Ihr Partner mit einem spontanen Gegenangriff auf Ihre Äußerung reagiert: »Und wer ist abends dauernd müde?« Die Versuchung ist groß, sich sofort vom eigenen Thema abbringen zu lassen und auf diesen Vorwurf sogleich einzugehen. Dadurch beginnt ein doppelter Kampf: Wer hat recht? Und: Wer setzt sich mit seinem Thema durch? Es wäre hier wichtig, sich nicht beirren zu lassen, sondern ruhig zu antworten: »Können wir erst einmal über den Punkt sprechen, den ich gerade angeschnitten habe? Wenn wir damit fertig sind, können wir auch über dein Problem reden – aber lass uns die beiden Themen bitte auseinanderhalten und nicht anfangen, gegeneinander aufzurechnen!«

All diese Regeln für hilfreiche und gelingende Kommunikation hören sich auf den ersten Blick sicher reichlich kompliziert und schwierig an – doch das gilt nur für den Anfang, bis man diese Grundhaltungen im Gespräch mehr und mehr »verinnerlicht« hat. Bis dahin ist es allerdings ein nicht gerade leichter Weg, weil wir unseren gesamten bisher praktizierten, in frühester Kindheit erlernten Kommunikationsstil prüfen und gegebenenfalls ändern müssen. Es wird Ihnen deshalb anfänglich häufig passieren, dass Sie sich erst nach einigen Irrungen und Wirrungen dieser Grundregeln der hilfreichen Kommunikation entsinnen. Je häufiger wir aber als »Sender« diese Grundregeln beherzigen und je häufiger wir als »Empfänger« ernsthaft »die fünf Schritte der einfühlsamen Reaktion« praktizieren, desto leichter fallen sie uns. Und: Desto mehr wird uns der Ertrag und die Tiefe unserer Gespräche beflügeln und ermutigen.

Zur Erinnerung:
Folgende fünf Schritte der einfühlsamen Reaktion sind hilfreich, müssen aber nicht immer alle durchlaufen werden:

1. Schritt: Wahrnehmen, Annehmen, Ernstnehmen dessen, was das Gegenüber sagt.
2. Schritt: Informationssuche, indem man gezielt nach- und rückfragt.
3. Schritt: Das beim Gegenüber vermutete dahinterstehende *Gefühl* ansprechen.
4. Schritt: Stellung beziehen, eigenes Fühlen und Denken mitteilen. Wertschätzung und Respekt für den Partner ausdrücken.
5. Schritt: Das Bedürfnis des Partners, was die Zukunft anbelangt, erfragen und möglichst einen Vorschlag machen, der auf dieses Bedürfnis eingeht.

16. Sich entgegenkommen, um sich wirklich zu begegnen

»Die Menschen sind so furchtbar weit voneinander; und die, welche einander lieb haben, sind oft am weitesten.«

RAINER MARIA RILKE

Ich möchte die Gedanken, die ich mit dem bisher Geschriebenen deutlich machen wollte, noch einmal kurz zusammenfassen:
- Mann und Frau sind von Natur aus in vielfältiger Weise verschieden. Diese Verschiedenheiten stehen mit ihren unterschiedlichen Fähigkeiten und Rollen in Verbindung. Das Anderssein ist nicht als Defizit anzusehen, sondern als Ergänzung und Bereicherung.
- Die Unterschiede *innerhalb* der Gruppe der Frauen und *innerhalb* der Gruppe der Männer können größer sein als die Unterschiede *zwischen* einem Mann und einer Frau. Es gibt hier eine enorme Bandbreite an Möglichkeiten und Variationen.
- Männer benutzen Sprache zum Teil auf eine andere Weise als Frauen, weil sie teilweise anders denken und mit anderen Zielen kommunizieren als Frauen. Sie betonen eher die Sachebene und blenden die Beziehungsebene eher aus.
- Männern fällt es häufig schwer, Gefühle und tiefere seelische Prozesse in Worte zu fassen und sie einem anderen Menschen verbal mitzuteilen. Ihr Reaktionsprozess auf Gefühlsbotschaften ist langsamer. Frauen fällt dies meist leichter, sie artikulieren sich schneller und wortgewandter.
- Männer pflegen den Austausch über seelische Befindlichkeiten und ihr persönliches Innenleben seltener und wenn, dann weniger intensiv und ausführlich als Frauen. Möglicherweise steckt dahinter ein geringeres Bedürfnis nach Austausch in diesen Fragen, möglicherweise aber auch eine größere Angst, verletzt oder infrage gestellt zu werden, Schwäche und Unsicherheit zu zeigen.

- Abgesehen von ökonomischen Interessen und dem Wunsch nach Kindern liegt der Sinn einer Partnerschaft darin, einander in den wesentlichen körperlichen, geistigen und seelischen Erfahrungen und Herausforderungen des Lebens beizustehen und sich gegenseitig zu Entfaltung und seelischem Wachstum anzuregen. Dafür ist immer wieder das offene, intensive Gespräch notwendig.
- Frauen sind heute aufgrund ihrer Ausbildung mehr denn je in der Lage, ihr Leben allein zu bewältigen. Der ökonomische Zwang zur Ehe fällt weg. Deswegen erwarten sie von einer Partnerschaft vor allem eine intensive Form der körperlichen, geistigen und seelischen Gemeinschaft, die sich – zumindest in wichtigen Bereichen – neben Zärtlichkeit und Sexualität auch in gegenseitigem Mitteilen und Zuhören, in Verstehen und Einfühlung manifestiert. Verweigern die Männer sich diesem Anspruch bzw. nehmen sie ihn zu wenig ernst oder messen ihm zu wenig Bedeutung bei, so sehen die Frauen die Basis der Partnerschaft nicht mehr als ausreichend gegeben an.
- Wer Kommunikation wünscht, hat auch eine Verantwortung dafür, dass Kommunikation gelingt und für beide Seiten befriedigend ist. Frauen müssen lernen, in Gesprächen mit ihren Partnern nicht in Fehler zu verfallen, die das Gespräch frühzeitig zu einer zumindest aus männlicher Sicht höchst stressreichen Unternehmung machen, der sie möglichst schnell wieder entkommen möchten. Frauen sollten ihre Partner fordern, aber nicht überfordern. Dies setzt viel Geduld und Einfühlungsvermögen, aber auch Beharrlichkeit voraus.
- Männer müssen erkennen, dass Gespräche über das eigene Denken, Fühlen, Befinden und Wünschen kein überflüssiger Luxus und auch kein selbstloses Opfer, sondern eine existenzielle Notwendigkeit sind, damit eine Beziehung den Abnützungsprozessen und Entfremdungstendenzen des Alltags standhalten kann. Sie müssen es als ihr Ziel ansehen, solchen Gesprächen nicht auszuweichen, sondern darin eine Herausforderung, aber auch eine Chance für ihre eigene Persönlichkeit und ihre eigene Entwicklung zu sehen.

Doch auch wenn all diese Punkte anerkannt und im Lauf der Zeit verinnerlicht werden, stellen Menschen, die in einer Partnerschaft leben, immer wieder fest, dass ihr Gesprächsbedürfnis bei unterschiedlichen Themen höchst unterschiedlich ist. Was die Frau aus ihrer Sicht für ein äußerst bedeutsames Thema ansieht, ist für den Mann möglicherweise völlig unerheblich, und was dem Mann unter Umständen unter den Nägeln brennt, erscheint der Frau als reichlich nebensächlich oder banal. Hier sollten beide lernen, dem anderen ein Stück weit entgegenzukommen, anstatt unflexibel auf dem eigenen Standpunkt zu verharren und den Partner samt seinem Anliegen zu frustrieren, ihn nicht ernst zu nehmen. Allerdings muss der Respekt beidseitig sein, sodass nicht immer nur *ein* Partner sich durchsetzt. Eine Frau sollte respektieren, dass ihr Mann über manche Probleme und Themen bei weitem nicht so oft und so ausführlich sprechen möchte, wie sie das gerne tun würde. Als Entlastungsmöglichkeit bieten sich hier gute Freundinnen an, die für Frauenthemen von Natur aus ein »offeneres Ohr« haben als ein Mann. Auch der *Zeitpunkt*, um solche intensiveren Gespräche zu führen, sollte von Frauen, auch mit Rücksicht auf die jeweilige Verfassung des Mannes, mit Bedacht gewählt werden.

Umgekehrt sollte ein Mann auch bereit sein, über manches Thema intensiv und ausführlich zu sprechen, weil er spürt, dass es seiner Partnerin ein großes Anliegen ist. Grundsätzlich gilt hier die Regel: Bei allem, was *beide* Partner und die Qualität ihrer Lebensgemeinschaft betrifft (das »Wir«), ist die abschmetternde Antwort »Das ist dein Problem« auf ein Anliegen oder eine Klage des Gegenübers *nicht zulässig.*

Wenn mein Partner beispielsweise unter meiner häufigen Abwesenheit oder meinem sexuellen Desinteresse leidet, ist es ein Problem *in unserer Partnerschaft,* also muss es auch mein Problem sein. Das heißt nicht, dass ich mich seinen Wünschen vollständig unterordne, sondern dass ich mit ihm ins Gespräch darüber kommen muss, wie wir die Situation für beide Seiten befriedigender gestalten oder verändern können.

Wenn ich selbst es andererseits nicht mehr ertrage, jedes Weihnachtsfest oder jeden Urlaub mit den Eltern meines Mannes zu verbringen, so ist dies nicht allein mein Problem, sondern auch, sofern mein Partner an einer guten Beziehung mit mir interessiert ist, *unser Problem*, für das wir eine gemeinsame Lösung finden müssen. Angesichts der Unterschiedlichkeit von Mann und Frau wäre es zweifellos für einen Mann einfacher, unter Männern zu bleiben, und für eine Frau, nur unter Frauen zu leben.[79] Und es ist meines Erachtens auch unbedingt zu empfehlen, dass Frauen hin und wieder nur mit Frauen zusammen sind und ihre Weiblichkeit ungebremst ausleben können, und dass Männer hin und wieder nur unter Männern sind und ihre Männlichkeit ungehemmt leben können.

Doch wir alle spüren, dass in der Verschiedenheit und Fremdheit des Partners auch ein großer Gewinn liegt – er ergänzt uns, er fordert und fördert uns, er gibt uns mit seinem Interesse und seiner Zuneigung etwas, was wir uns selbst nicht geben können – was uns auch der beste Freund, die beste Freundin nicht geben kann. Damit meine ich nicht nur eine erfüllende Sexualität, sondern bewusst auch die geistig-seelische Ebene.

Natürlich handelt sich jede Frau, die einen Mann heiratet, und jeder Mann, der eine Frau heiratet, ein paar dauerhafte Probleme ein – und zwar unabhängig davon, wie groß die Liebe und Begeisterung füreinander anfänglich war und auf die Dauer ist. Die dauerhaften Probleme ergeben sich schlichtweg daraus, dass der andere *anders* ist, und zwar in mindestens vierfacher Weise:

- Er/Sie hat ein anderes Geschlecht.
- Er/Sie hat eine andere Persönlichkeit.
- Er/Sie kommt aus einer anderen Familie mit anderen Prägungen und Werten.
- Er/sie hat andere Verletzungserfahrungen und damit andere »Altlasten«, die er in die Beziehung mitbringt und die dort ihre Auswirkungen haben.

---

[79] Vielleicht war dies auch einer der vielen Gründe, warum sich das Klosterleben über Jahrhunderte, ja über mehr als tausend Jahre hinweg als so anziehende Lebensform gehalten hat: Hier waren die Männer unter sich – und die Frauen ebenfalls. – Ganz sicher war dies auch einer der Gründe, weshalb die meisten Clubs und Vereine in früheren Zeiten reine Männergesellschaften oder reine Frauengesellschaften waren.

Allein aus diesen vier fundamentalen Verschiedenheiten ergibt sich *zwingend*, dass zwei eng und dauerhaft verbundene Menschen bei aller Liebe und allem Respekt sich immer wieder schmerzlich aneinander reiben, ja: aneinander Anstoß nehmen werden. Jede Frau, jeder Mann, die/der sich fest bindet, akzeptiert damit, immer wieder auch die Wirklichkeit des anderen Menschen als Schmerz zu erleben. Wer meint, eine Partnerschaft müsse immer »Spaß machen«, sollte sich nie auf eine solche einlassen. Wer sich hingegen darüber im Klaren ist – oder wird –, dass eine Partnerschaft tägliche Müh' und Arbeit, schmerzliche Erfahrungen und bittere Enttäuschungen (mit sich und dem anderen) selbstverständlich mit einschließt, der wird schon eher für das große Abenteuer einer Lebensgemeinschaft gerüstet sein. Und wer darüber hinaus noch erkannt hat, dass all die Anstrengungen, Frustrationen und Verletzungen, die jede enge Gemeinschaft mit sich bringt, der Mühe wert sind, der hat große Chancen, in einer Partnerschaft glücklich zu sein. Warum sind sie der Mühe wert?

- Weil wir uns nur so weiterentwickeln und unsere eigenen geistigen und seelischen Grenzen erweitern
- Weil unser Leben dadurch farbiger und lebendiger wird
- Weil wir nur so unseren angeborenen, naiven Egozentrismus überwinden und lernen, uns selbst nicht als wichtigsten Punkt der Welt anzusehen
- Weil wir nur auf diese Weise intensive Nähe, Zuneigung und Freude an einem anderen Menschen erleben werden
- Weil wir uns das Wort, das uns hilft, nicht selber sagen können
- Weil wir uns in Notzeiten, wenn wir schwach sind und eine Stütze brauchen, nicht an uns selbst anlehnen können
- Weil jede langjährige harmonische und lebendige Partnerschaft auch ein im wahrsten Sinn des Wortes wunderbares Kunstwerk ist, auf das die Beteiligten zu Recht stolz sein können

Fazit: Eine intensive, lebendige Partnerschaft lässt sich mit einem schönen Garten vergleichen. Ohne beständiges Engagement und Lernbereitschaft, ohne Gießen und Düngen, Unkrautjäten und Schädlingsbekämpfung, ohne immer neues Säen und – hoffentlich – Ernten, Umgraben und Ausreißen, Zurückschneiden und Neupflanzen, sprich: ohne Hegen und Pflegen, ohne Einsatz von Zeit und Geld, von Gedanken und Arbeit sind der Zauber, die Ordnung und die Lust eines Gartens nicht zu erringen und nicht zu erhalten. Doch mit all diesem Bemühen ist er ein kleines oder großes Paradies – schon hier auf Erden.[80]

---

[80] Ein oft zitiertes chinesisches Sprichwort lautet: »Willst du einen Tag glücklich sein, so trinke. Willst du eine Woche glücklich sein, so schlachte ein Schwein. Willst du ein Jahr glücklich sein, so heirate! Willst du für immer glücklich sein, so bearbeite einen Garten!« – Was die Erfinder dieser Weisheit offenbar nicht wussten: Wenn man der Ehe die gleiche Fürsorge und Pflege wie dem Garten angedeihen lässt, kann man auch in ihr durchaus ein Leben lang glücklich sein.

17. Partnerschaft und Glaube

»Liebe besteht nicht darin, dem anderen dauernd in die Augen zu blicken, sondern gemeinsam in eine Richtung zu schauen.«

ANTOINE DE SAINT-EXUPÉRY

Viele verheiratete oder in Partnerschaft zusammenlebende Menschen merken nach der ersten Phase der Verliebtheit und des Zusammenwachsens, dass es auch notwendig ist, so etwas wie gemeinsame Ziele und Projekte mit dem Partner zu verfolgen. Für die einen ist dies die gemeinsame Arbeit oder das gemeinsame Unternehmen, für die anderen ein Hauskauf oder -bau, für viele darüber hinaus gemeinsame Kinder, in deren Erziehung man viel Zeit und Energie steckt. Andere engagieren sich gemeinsam ehrenamtlich in Gemeinden, Gruppen, Vereinen und Initiativen.

Im höheren Alter fallen diese Ziele – bis auf das ehrenamtliche Engagement, das keine Altersbegrenzung kennt – großteils weg; es bleibt die Unterstützung von Kindern und Enkeln und die gegenseitige Hilfe bei zunehmender Gebrechlichkeit. Doch meines Erachtens sind all diese Projekte, so schön und wichtig sie sind, *Ziele auf Zeit*, die als Fundament einer Partnerschaft auf die Dauer nicht geeignet sind. Es muss also noch etwas darüber hinaus geben.

Hinzu kommt ein anderes Problem, das schon einmal angesprochen wurde: Wenn immer mehr Menschen von einer Partnerschaft die Erfüllung ihrer ganz persönlichen und tiefsten Wünsche und Träume erhoffen, so setzt dies die Partnerschaft unter enormen Druck. Dieser Druck macht sie labil, denn wenn die Partner das, was sie suchen, nicht oder nicht mehr in ausreichendem Maß finden, wenden sie sich frustriert ab. Oft ist dann ein anderer Mann, eine andere Frau, die mehr Glück und Erfüllung versprechen, der Anlass, um dem »Alltagstrott« und der Mühseligkeit der bestehenden Ehe oder Beziehung zu entfliehen.

Eines muss jedoch klar erkannt werden: Wenn sich das Gefühl der Liebe vor allem darauf stützt, im anderen den Erfüllungsgehilfen *der eigenen Bedürfnisse* zu haben, so ist diese Liebe alles andere als stabil – sie hat, im Gegenteil, ein höchst begrenztes Haltbarkeitsdatum. Denn kein Mensch kann all unsere Wünsche und Träume erfüllen, keiner kann all unsere Saiten zum Schwingen bringen – so wie wir es bei ihm umgekehrt auch nicht vermögen, weil wir alle unsere Grenzen haben.

Was könnte zwei Menschen deshalb über diese gegenseitigen Wünsche, Erwartungen und Hoffnungen hinaus noch beständig und zuverlässig miteinander verbinden?

Meiner Meinung nach kann es der gemeinsame Glaube an Gott[81] sein. Auch wenn es in den konkreten Glaubensvorstellungen und -ausprägungen ebenso wie in der geübten Praxis eine Menge individueller Unterschiede gibt – die auch gegenseitig respektiert werden sollten –, ist es meines Erachtens wesentlich, dass die Grundlage eines gemeinsamen Glaubens wenigstens einige der folgenden zehn Überzeugungen – nicht Gebote! – beinhaltet:

- **Verantwortung gegenüber Gott**
Wir sind in unserem Tun und Lassen Gott verantwortlich. Es ist deshalb nicht allein unsere Sache, wie wir mit unserem Leben, unseren Talenten und Möglichkeiten umgehen. Wir orientieren uns in unserer praktischen Lebensführung an den Werten, die Jesus von Nazareth gelehrt *und* gelebt hat. Wir reden immer wieder miteinander darüber, was dies für uns gemeinsam, aber auch für jeden Einzelnen von uns in konkreten Entscheidungen bedeutet, zumal wenn sie uns beide oder unsere Familie betreffen.

- **Glaubenspraxis**
Wir praktizieren gemeinsam manche Formen unseres Glaubens (z.B. Kirchgang, Gebet, Bibellesen, Bibelgesprächskreis, Teilnahme an religiösen Veranstaltungen, Engagement in karitativen oder sons-

---

[81] Ich weiß, dass es verschiedene Religionen und noch mehr verschiedene Zugänge zu Gott gibt, möchte mich jedoch an dieser Stelle auf den Glauben an den Gott des Jesus von Nazareth beschränken.

tigen Aufgabengebieten). Entscheidend ist nicht, dass wir *alles* gemeinsam machen, sondern dass es *einige* Aktivitäten gibt, die wir gemeinsam ausüben. Wichtig ist, dass es uns beiden Freude macht und uns, über den Nutzen für Dritte hinaus, verbindet.

- **Verantwortung für unsere Nächsten (Familienangehörige, Freunde)**
Wir fühlen uns für die Menschen, die uns vertrauen und von uns abhängen, auch ein Stück weit verantwortlich. Ihr Wohl und Wehe kann und darf uns nicht gleichgültig sein.[82] Dies gibt unserem Leben vielleicht seine Bürde, aber auch seine Würde.

- **Vertrauen in eine höhere Kraft**
Unsere Partnerschaft steht, so glauben wir, auch unter dem Schutz und Segen Gottes. Wir sind nicht nur auf unsere eigenen Kräfte und unseren eigenen Geist angewiesen, sondern dürfen auch mit Gottes Kraft und Gottes Geist rechnen, sofern wir uns ihm öffnen.

- **Gott als Begleiter**
Wir glauben, dass Gott an uns als Einzelwesen, aber auch als Paar oder Familie ein intensives Interesse hat und uns durch Höhen *und Tiefen* führen, begleiten und unterstützen möchte. Es ist uns klar, dass dazu auch Krisen gehören.

- **Gemeinschaft mit Weggefährten des Glaubens**
Wir sind weder als Paar noch als Familie nur für uns allein auf der Welt. Wir gehören zur »Gemeinschaft der Kinder Gottes«. Deswegen ist es sinnvoll, dass wir uns in einen Kreis Gleichgesinnter einfügen, um mit ihnen den Weg des Glaubens zu teilen. Auch als Paar oder Familie sind wir auf Mitstreiter und Wegbegleiter angewiesen, die uns gelegentlich in Liebe ihre Meinung sagen!

---

[82] »Du bist dein Leben lang für das verantwortlich, was du dir vertraut gemacht hast«, heißt es in der Erzählung »Der kleine Prinz« von Antoine de Saint-Exupéry.

- **Vergeben als Lebensgrundlage und -haltung**
  Wir sind uns darüber im Klaren, dass wir dem anderen bei aller Liebe nie ganz gerecht werden, sondern immer wieder versagen und Fehler machen. Darum lebt unsere Beziehung auch von der immer wieder gegenseitig geschenkten Vergebung – auf die wir vonseiten Gottes ja auch angewiesen sind.[83]

- **Partnerschaft ist ein Reifungsprozess**
  Wir glauben, dass wir einander als Weggefährten geschenkt wurden. Und wir vertrauen darauf, dass Gott uns durch den Partner behutsam und beharrlich mit notwendigen Entwicklungsschritten zu seelisch-geistlicher Reife führen möchte.
  Fjodor M. Dostojewski hat einmal gesagt: »Einen Menschen lieben heißt ihn so sehen, wie Gott ihn gemeint hat.«

- **Liebe nicht nur als Gefühl, sondern als Haltung einüben**
  Wir wissen, dass das *Gefühl* der Liebe auf die Dauer nicht ausreicht, um eine Lebensgemeinschaft zu tragen. Dazu muss eine *Haltung* der Liebe kommen, die in gegenseitiger Achtung und Wertschätzung, aber auch in der Bereitschaft zu Einfühlung, Rücksicht und Opfern besteht. Diese Haltung, die sich in konkretem *Verhalten* zeigt, wollen wir erlernen, zu ihr können wir auch bei Gefühlskrisen und -flauten immer wieder zurückkehren.

- **Scheitern ist möglich**
  Wir wissen, dass Partnerschaften trotz allem Bemühen auch zerbrechen können, dass man an seinen eigenen Grenzen, aber auch an der Andersartigkeit und dem Wesen eines Menschen auch scheitern kann. Doch bevor wir uns zu diesem Schritt entschließen, wollen wir alle Möglichkeiten, miteinander zu lernen anstatt aneinander zu leiden, ausschöpfen. Das kann auch die Inanspruchnahme fachkompetenter Hilfe einschließen.

---

[83] Vgl. dazu mein Buch »Das verzeih ich dir (nie)! Kränkungen überwinden, Beziehungen erneuern«, R. Brockhaus Verlag 2005.

Ich glaube, dass diese Grundhaltungen ein zuverlässigeres und festeres Band für eine Partnerschaft bilden, als dies gegenseitige gefühlsmäßige Liebe und Wertschätzung oder gemeinsame Ziele allein sein können. Dennoch – auch wenn die weitaus überwiegende Zahl der christlichen Partnerschaften sicher mit großem Ernst und festem Durchhaltewillen geschlossen wird, so bedeutet dies doch nicht, dass diese Ehen auf jeden Fall krisenfest sind.[84]
Denn der stärkste Glaube nutzt nichts in einer Partnerschaft, wenn sich die beiden nicht darüber im Klaren sind, dass es ihnen zunächst höchstwahrscheinlich genauso ergehen wird, wie es der amerikanische Pfarrer Peter Scazzero nach fast zehn Jahren Ehe erlebte: Er stellte erschrocken fest, dass sein Beziehungsverhalten trotz über 20-jährigem Christsein in erster Linie nicht von seinem Glauben geprägt war, sondern von dem, was er in seiner eigenen Familie unbewusst mitbekommen und gelernt hatte. Seine bis dahin gepflegte Illusion, dass sein Glaube sozusagen im Handstreich sämtliche negativen Prägungen der Vergangenheit ausgelöscht hätte, zerplatzte wie eine Seifenblase. Ihm wurde, als er sich mit der Problematik bei sich und anderen näher befasste, klar:

- Nur wenige Christen haben in ihrer Ursprungsfamilie erlebt, dass mit Verschiedenheiten und Konflikten – sei es in der Partnerschaft oder in anderen Beziehungen – auf reife und gesunde Art umgegangen wurde. Die meisten lernten, Spannungen nach Möglichkeit unter den Teppich zu kehren oder bei Auseinandersetzungen stillschweigend das Weite zu suchen (innerer oder äußerer Rückzug ohne klärende Aussprache). Dieses Verhalten tragen die Menschen selbstverständlich auch in ihre eigene Partnerschaft hinein, völlig unbeeinflusst von der klaren und reifen »Streitkultur«, die Jesus seinen Jüngern und uns vorgelebt hat.
- Die meisten Menschen leben auch – oder vielleicht gerade – als Christen unter dem Zwang, einen Eindruck von Stärke und spiritu-

---

[84] Allerdings lassen sich auch heute noch Menschen, die nicht nur standesamtlich, sondern auch kirchlich heiraten, seltener scheiden als Menschen ohne kirchliche Trauung.

eller Kompetenz zu vermitteln. Unsicherheiten, Schwächen und Versagen werden vertuscht oder verdrängt, obwohl die Lehre Jesu einen offenen Umgang mit eigenen Defiziten geradezu *zwingend verlangt*, da ohne Selbsterkenntnis auch keine emotionale, geistige und geistliche Entwicklung möglich ist.

- »Nur wenige Christen stellen zwischen der Liebe zu sich selbst und der Liebe für andere eine Verbindung her.«[85] Dabei geht es in der Selbstliebe keineswegs um kindlich-naive Egozentrik, sondern ganz im Gegenteil um einen achtsamen, verantwortungsvollen Umgang mit sich selbst, den man weder an Gott noch an seinen Nächsten delegieren kann.

Scazzeros These lautet: Reife Spiritualität ist ohne reife Emotionalität nicht zu bekommen. Dies bedeutet: Wer sich nicht intensiv mit seinen Prägungen, seinen Beziehungen, seinen Reaktionen und Gefühlen und den daraus erwachsenden Krisen, Problemen oder Herausforderungen beschäftigt und auseinandersetzt, bleibt in seiner gesamten geistig-geistlichen Entwicklung stehen. Dieser Stillstand kann durch eine christliche Fassade und christlichen Aktivismus vielen (Mit-)Menschen lange Zeit verborgen bleiben. Doch diejenigen, mit denen wir zusammen arbeiten oder gar zusammen leben, die spüren ihn irgendwann – garantiert. Was bemerken oder spüren sie? Dass zwischen unseren Worten und unserem Tun, zwischen unserem Schein und unserem Sein in manchen Lebensbereichen oder -situationen eine große Kluft besteht. Dass wir nicht echt sind, nicht, wie Jesus es verlangt, »aus einem Guss«.[86] Dass unsere Innenseite nicht der Außenseite entspricht ...

---

[85] Peter Scazzero, Glaubensriesen – Seelenzwerge? Gießen 2008, S. 39. Vgl. dazu auch mein Buch »Du bist gut genug! Innere Antreiber erkennen und gelassener werden«, R. Brockhaus Verlag, 4. Aufl. 2008, in dem ich ebenfalls diese Problematik – aus etwas anderer Sicht – behandelt habe.
[86] Dies ist die richtige Übersetzung des Wortes *teleios*, das oft mit »vollkommen« übersetzt wird. Doch die Übersetzung: »Ihr sollt vollkommen sein, wie euer Vater im Himmel vollkommen ist« würde, wenn »vollkommen« mit »perfekt« gleichgesetzt wird, nur eine Aufforderung zur grenzenlosen Heuchelei bedeuten, was aus dem Munde Jesu unmöglich stammen kann.

Nach meiner Erfahrung greift Scazzero hier ein heißes Eisen an, nämlich die unübersehbare Tatsache, *dass auch die Beziehungen unter Christen – es seien Arbeitsgemeinschaften, Freundschaften oder Ehen – an ganz banalen Defiziten, vorwiegend im emotionalen und kommunikativen Bereich, scheitern.* Diese Defizite können ihre unheilvolle Wirkung entfalten, weil die Betroffenen die Notwendigkeit, sich selbst und die Beziehungs- und Kommunikationsformen ihrer eigenen Herkunftsfamilie kritisch zu betrachten, nicht erkannt haben.

Stattdessen fliehen viele, wie Scazzero eindrücklich beschreibt, in Aktivitäten aller Art, in Glaubensphrasen und fromme Berieselung, die auf dem christlichen Markt in vielfältiger Weise (Meetings, Kongresse, Seminare, Festivals, Freizeiten, Aktionen usw.) angeboten werden. Zunehmend gehören auch Schulungen samt Zertifikaten für allerlei Tätigkeiten und Lebensfelder (von »Christlicher Leiterschule« über »Partnerschaftstraining« und »Lebensberatung« zu »Geistlichen Beratern«) zu diesem christlichen Aktionismus. Diese Schulungen nähren häufig die Illusion, durch sie sozusagen im Schnellverfahren ein emotional reifer Mensch und Christ werden zu können. Doch wie Scazzero schreibt: »Die Spiritualität, die viele der gängigen Jüngerschaftsmodelle prägt, leistet vor allem eins: sie verstärkt die Schutzschicht gegen einen emotionalen Reifungsprozess noch um eine weitere Lage.«[87]

Viele Christen merken erst in ihrer Partnerschaft oder im Umgang mit ihren Kindern – manchmal auch durch Konflikte in der Gemeinde –, dass es mit ihrer emotionalen Gesundheit und Reife nicht zum Besten steht. Dann können sie sich an einen Seelsorger oder eine Lebensberaterin wenden – und wenn sie Glück haben, ist diese Person ihnen wirklich eine Hilfe, weil sie ein Stück eigene seelische Nachreifung schon hinter sich hat. Allerdings pflegen christliche Kreise oft auch eine »Kultur der Verdrängung« – der Intellekt wird permanent mit klugen geistlichen Sprüchen überfrachtet, doch die Emotionalität bleibt unentwickelt und dementsprechend oft reichlich infantil …

---

[87] Scazzero, S. 17.

Was hat das alles mit dem Anliegen meines Buches zu tun? Ganz einfach: Wer nicht kritisch über sich selbst und seine Gefühle nachdenken möchte, weil er meint, der Glaube oder das Gebet enthebe ihn dieser Mühen, dem passiert über kurz oder lang Ähnliches, wie es Scazzero in beeindruckender Offenheit in seinem Buch schildert. Eines Tages kam seine Frau zu ihm und sagte: »Peter, es ginge mir besser, wenn ich allein wäre ... Ich liebe dich, aber ich weigere mich, weiter so zu leben ... Ich will etwas aus meinem Leben machen.«[88]

Erst dieser Schock der drohenden Trennung von seiner Frau war es, der Scazzero dazu brachte, über die Kluft zwischen seinem christlichen Anspruch – auch als Partner – und der von seiner Frau erlebten Realität ihrer Beziehung intensiver nachzudenken. Dies war nicht möglich, ohne Hilfe von Dritten in Anspruch zu nehmen. Er merkte, dass sein Glaube ihn nicht *in seinen emotionalen Tiefenschichten und familiären Prägungen* verändert hatte – sie waren im Großen und Ganzen immer noch das Produkt seiner Herkunftsfamilie[89].

Und darin lag das Problem. Dieser Mann begriff schließlich, dass es das dringende Anliegen eines glaubenden Menschen sein muss, zu einem reifen Umgang mit sich selbst und den eigenen Gefühlen zu gelangen, weil nur dies auch zu einer reifen Spiritualität führt. Dass das ein weiter und mitunter schmerzlicher Weg sein würde, war ihm klar, doch was er sagt, würde ich aus eigener Erfahrung bestätigen: Der Weg lohnt sich, denn wir müssen ihn nicht allein gehen – Gott selbst unterstützt uns in diesem Veränderungsprozess, wenn wir dafür aufgeschlossen sind. Und es unterstützen uns hoffentlich aufrichtige, klar sehende Mitbrüder und -schwestern und nicht zuletzt: unser Partner. Aber es gilt, was schon Goethe so treffend bemerkte: »Gott gibt die Nüsse, aber er knackt sie nicht auf!«

---

[88] Scazzero, S. 19.
[89] Diese Familie war völlig »normal«, ja, sogar noch bemerkenswert intakt. Doch Scazzero bemerkt nüchtern auch in Bezug auf sich selbst: »Nur sehr, sehr wenige Menschen verlassen ihr Elternhaus in einem Zustand emotionaler Reife oder Gesundheit« (S. 14).

Abschließend seien zwei Texte zitiert. Der erste ist eine Meditation des deutsch-kanadischen Dichters Ulrich Schaffer, die Ihnen vielleicht manchmal hilft, sich klarzumachen, worum es letzten Endes geht.[90]

Das schöne schwere Miteinander

1
Ich habe Schwierigkeiten
mit diesem Menschen zu reden und zu leben
denn wir sind so verschieden
und missverstehen uns ständig.

Ich kann nicht wirklich ich sein
ich muss mich ändern und anpassen
vorgeben, jemand zu sein, der ich nicht wirklich bin
und das ist anstrengend.

Ich möchte am liebsten davonlaufen.

2
Ich sehe, dass es dem andern
mit mir genau so geht
wie mir mit ihm.

Beenge ich ihn so wie er mich?
Verliert auch er seine Freiheit in meiner Gegenwart?
Möchte er auch am liebsten davonlaufen?

Das gibt mir zu denken.

---

[90] Ulrich Schaffer, Jesus, ich bin traurig froh, Wuppertal 1976, S. 27ff. Schaffer schreibt im Original nur in Kleinbuchstaben, dies habe ich abgeändert.

3
Ich untersuche meine Motive ihm gegenüber
und die Regungen, die ich sonst kaum merke
und ich stelle fest, dass ich ihn oft anders haben will,
als er ist,
und anders, als er vielleicht sein kann.

Ich lege einen Druck auf ihn
mit meinen Erwartungen
und er sträubt sich ganz natürlich dagegen
wie ein Mensch, der seinen eigenen Weg gehen will.

Es muss nicht leicht sein, mit mir zu leben.

4
Sind wir am Ende nicht alle so?
Sind wir nicht alle in gewisser Weise
engstirnig
verbohrt
rechthaberisch
und manchmal unausstehlich?

Sind in uns nicht genug Zeichen des Falls
des Abfalls von Gott
die das Leben miteinander unmöglich machen?

5
Nein
Ich bin nicht bereit, so leicht aufzugeben
aber ich weiß, dass ein fester Entschluss,
ein entschiedener Wille nötig sind,
um zum anderen zu finden.

Ich will dein Leben mit dir teilen
ich will mein Leben mit dir teilen

auch wenn es schwer wird.
Ich bin bereit, deinen Erwartungen zu begegnen
nicht unbedingt zu tun, was du wünschst,
aber doch an deine Erwartungen zu denken
wenn ich mein Leben überprüfe.

Wenn auch du den Willen zu mir hast,
wenn auch du bereit bist,
die Schwierigkeiten eines engen Verhältnisses auf dich zu nehmen,
wenn du auch Ja sagst
zu all dem Schweren und Unerlösten zwischen uns,
dann haben wir eine echte Chance
und eine wirkliche Hoffnung,
eine Freundschaft herzustellen,
die reicher ist als viele andere Freundschaften,
weil wir mehr überbrücken müssen,
aber darum auch mehr einschließen können
in unsere Freundschaft.

Der zweite Text ist ein kurzes Gedicht von Reiner Kunze, das mir ein kostbares Bild für meine eigene Partnerschaft ist.[91]

Rudern zwei

Rudern zwei ein boot,
der eine kundig der sterne,
der andre kundig der stürme,
wird der eine führn durch die sterne,
wird der andre führn durch die stürme,
und am ende ganz am ende
wird das meer in der erinnerung blau sein

Reiner Kunze

---

[91] Aus: Reiner Kunze, gespräch mit der amsel. © S. Fischer Verlag GmbH, Frankfurt am Main 1984.

Literaturliste (Auswahl)

Bode, Sabine: Die vergessene Generation – Die Kriegskinder brechen ihr Schweigen, München 2005

Brizendine, Louann: Das weibliche Gehirn – Warum Frauen anders sind als Männer, Hamburg 2007

Bischof-Köhler, Doris: Von Natur aus anders – Die Psychologie der Geschlechtsunterschiede, Stuttgart 2002/2004

Bründel, Heidrun; Hurrelmann, Klaus: Konkurrenz, Karriere, Kollaps – Männerforschung und der Abschied vom Mythos Mann, Stuttgart 1999

Fast, Julius: Körpersprache, Hamburg 1979

Guggenbühl, Allan: Hast du mal Zeit für einen Streit? – Wie Männer und Frauen fair miteinander streiten, Freiburg 2004

Hammer, Signe: Töchter und Mütter – Über die Schwierigkeiten einer Beziehung, Frankfurt 1979

Miltner, Wolfgang; Birbaumer, Niels; Gerber, Wolf-Dieter: Verhaltensmedizin, Berlin/Heidelberg/New York 1986

Morris, Desmond: Der Mensch, mit dem wir leben – Ein Handbuch unseres Verhaltens, München 1978

Naumann, Frank: Miteinander streiten – Die Kunst der fairen Auseinandersetzung, Hamburg 1995

Onken, Julia: Vatermänner – Ein Bericht über die Vater-Tochter-Beziehungen und ihren Einfluss auf die Partnerschaft, München 1993

Pease, Allan und Barbara: Warum Männer nicht zuhören und Frauen schlecht einparken, München 2001

Röhr, Hans-Peter: Narzissmus – Das innere Gefängnis, München 2005

Rosenberg, Marshall B.: Gewaltfreie Kommunikation – Eine Sprache des Lebens, Paderborn 2004

Rosenberg, Marshall B.: Konflikte lösen durch Gewaltfreie Kommunikation, Freiburg 2004

Sapolsky, Robert M.: Warum Zebras keine Migräne kriegen – Wie Stress den Menschen krank macht, München 1996

Scazzero, Peter: Glaubensriesen – Seelenzwerge? Geistliches Wachstum und emotionale Reife, Gießen 2008

Servan-Schreiber, David: Die neue Medizin der Emotionen, München 2004

Shem, Samuel; Surrey, Janet: Alphabete der Liebe – Warum Mann und Frau doch zusammenpassen, München 2003

Singer, Wolf (Hrsg.): Gehirn und Bewusstsein, Berlin 1994

Traue, Harald C.: Emotion und Gesundheit – Die psychobiologische Regulation durch Hemmungen, Heidelberg/Berlin 1998

Weingardt, Beate M.: »... wie auch wir vergeben unseren Schuldigern« – Der Prozess des Vergebens in Theorie und Empirie, Stuttgart 2000 (Dissertation)

Weingardt, Beate M.: Das verzeih ich dir (nie)! – Kränkungen überwinden, Beziehungen erneuern, Wuppertal 2004

Weingardt, Beate M.: Du bist gut genug! – Wie Sie Ihre inneren Antreiber erkennen und gelassener werden, Wuppertal 2005

Weingardt, Beate M.: Wer immer nur gibt ... gibt irgendwann auf – Die eigene Balance finden, Gießen 2005

Weingardt, Beate M.: Über den Neid hinauswachsen, Wuppertal 2007

Weingardt, Beate M.: Aus allen Wolken gefallen – Enttäuschungen und wie wir damit fertig werden, Lahr 2008

Wenn Sie der Verfasserin schreiben möchten:

Dr. Beate M. Weingardt
Am Keltengrab 20
72072 Tübingen

beate.weingardt@t-online.de

Ihre Homepage-Adresse lautet:

www.beate-weingardt.de